Etudes Françaises Cours Intensif 1

Grammatisches Beiheft

Herausgegeben von Rita Erdle-Hähner,
unter Mitwirkung von
Günter Freitag, Dietmar Matthes, Kristin Matthes,
Hermann Rolinger und Arthur Wüst †

Ernst Klett Stuttgart

Etudes Françaises Cours Intensif 1
Grammatisches Beiheft

Herausgegeben unter Mitwirkung und Leitung der Verlagsredaktion Neue Sprachen.
Mitarbeit an diesem Werk:
Dr. Volkhart Weizsäcker, Redaktionsleiter; Gérard Hérin und Dr. Rudolf Hildebrandt, Verlagsredakteure.

1. Auflage 1 8 7 6 5 | 1984 83 82 81
Alle Drucke dieser Auflage können im Unterricht nebeneinander benutzt werden.
Die letzte Zahl bezeichnet das Jahr dieses Druckes.

Druck: Zechnersche Buchdruckerei, Speyer am Rhein. Printed in Germany.
ISBN 3-12-520620-0

Verwendung der Farben

Zur Kennzeichnung der Satzglieder

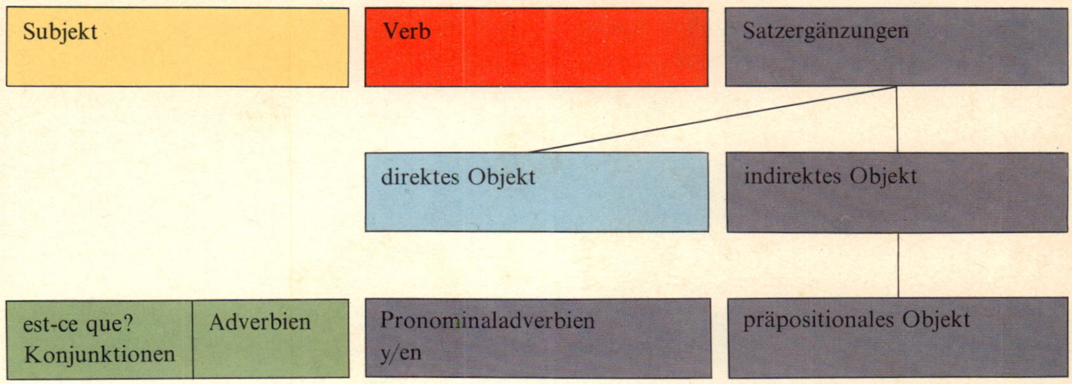

Zur Hervorhebung

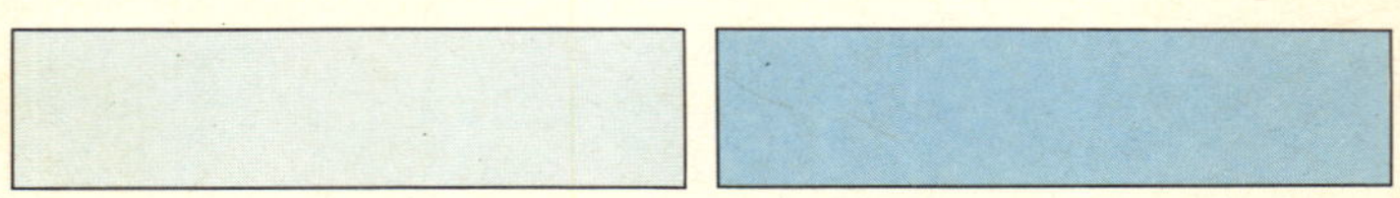

Inhalt nach Lektionen

Die Buchstaben A, B, C beziehen sich auf die Teiltexte, in denen die grammatischen Stoffe vorkommen oder geübt werden.

Inhalt nach Sachgebieten

Personennamen und Personenbezeichnungen (Singular) § 1
Noms propres et noms de personnes (singulier)

	Weiblich			Männlich	
Voilà	**Nicole.**		Voilà	**Philippe.**	
C'est	**la sœur**	de Philippe	C'est	**le frère**	de Nicole
et	**l' amie**	de Monique.	et	**l' ami**	de Pascal.
Voilà	**Monique**		Voilà	**Pascal**	
et	**Mme Dubois.**		et	**M. Dubois.**	

Der bestimmte Artikel heißt im Singular

la für eine weibliche Person,
le für eine männliche Person.

La und *le* werden zu *l'*, wenn das folgende Substantiv mit Vokal beginnt.

Personennamen stehen ohne Artikel, ebenso *madame* und *monsieur* + Familienname.

Aussagesatz und Fragesatz – La phrase déclarative et la phrase interrogative § 2

Aussagesatz

Voilà Philippe.

Philippe est le frère de Nicole.

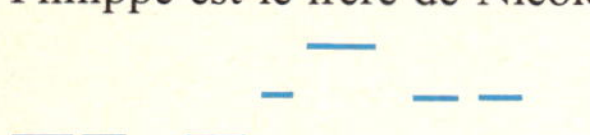

C'est l'ami de Pascal.

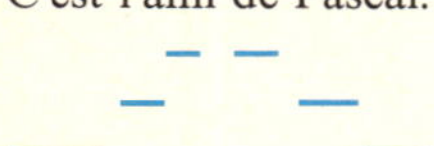

Fragesatz (Gesamtfrage)

Philippe est le frère de Nicole?

C'est l'ami de Pascal?

Im Aussagesatz steigt die Satzmelodie zur Satzmitte und fällt zum Satzende.
Am Ende des Aussagesatzes steht ein Punkt.

Im Fragesatz ist die Satzmelodie am Satzanfang fast gleichmäßig und steigt zum Satzende.
Am Ende des Fragesatzes steht ein Fragezeichen.

Beachte:

Im Französischen kann die Gesamtfrage (Entscheidungsfrage) ohne Umstellung von Subjekt und Verb gebildet werden.
Aussage und Frage unterscheiden sich dann nur in der Satzmelodie (Intonation).
Außer *voilà* … kann jede Aussage durch Änderung der Satzmelodie zur Frage werden.
Man nennt diese Art der Fragebildung **Intonationsfrage.**

Die Verben auf 'er': Präsens, 1.–3. Person Singular; Imperativ — § 3

Les verbes en *-er*: le présent, singulier; l'impératif

Beim Verb unterscheidet man zwischen **Stamm** und **Endung:** *lav-er, je lav-e, tu lav-es.*
Der **Stamm** gibt die **Bedeutung** des Verbs an,
die **Endung** informiert über die **Zeit** und die **Person.**

Es gibt Verbformen mit **hörbarer Endung:** [lav-e] *lav-er*
und Verbformen mit **nicht hörbarer** (stummer) **Endung:** [ʒəlav] *je lav-e,* [tylav] *tu lav-es.*
Bei Verbformen mit stummer Endung ist die Person nur am vorangestellten Personalpronomen zu erkennen:
[ʒəlav] je lave
[tylav] tu laves

Verbformen mit **stummer Endung** heißen **stammbetonte** Formen.
Verbformen mit **hörbarer** (betonter) Endung heißen **endungsbetonte** Formen.

	Lautbild	Schriftbild	Ebenso:
1.	[rəgarde]	**regarder**	
	[ʒərəgard]	**je** regarde	je lave
	[tyrəgard]	**tu** regardes	je travaille
	[ilrəgard]	**il** regarde	je montre
	[ɛlrəgard]	**elle** regarde	je répare
	[õrəgard]	**on** regarde	je sonne
			j' écoute
			j' arrive
			Aber:
2.	[rəgard]	Pascal, regarde.	**appeler:**
			j' **appelle**

1. Der **Infinitiv** der meisten französischen Verben endet **hörbar** auf [-e], geschrieben *-er.*
   Der **Singular Präsens** endet **hörbar** mit dem Stamm.
   Die gemeinte Person ist nur am vorangestellten Personalpronomen zu erkennen.
   Im **Schriftbild** unterscheiden sich die Personen außerdem durch die Personalendungen *-e, -es, -e.*

   Vor vokalisch anlautendem Verb wird *je* zu *j'*: *j'écoute.*
   On wird in der Aussprache gebunden: *on‿écoute* [õnekut].

2. Der **Imperativ** hat die stumme Endung *-e* (wie die 1. Person).

Beachte die Subjektpronomen 'il' und 'elle':

– Où est	**Monique?**		– Où est	**la voiture**	de M. Dubois?
	– Elle	est dans la chambre de Nicole.		**– Elle**	est ici.
– Où est	**Pascal?**		– Où est	**le vélo**	de Philippe?
	– Il	est aussi dans la chambre de Nicole.		**– Il**	est là.

Das Subjektpronomen *elle* verweist auf ein vorangegangenes **weibliches** Substantiv.

Das Subjektpronomen *il* verweist auf ein vorangegangenes **männliches** Substantiv.

Der Aussagesatz (I) – La phrase déclarative

1.

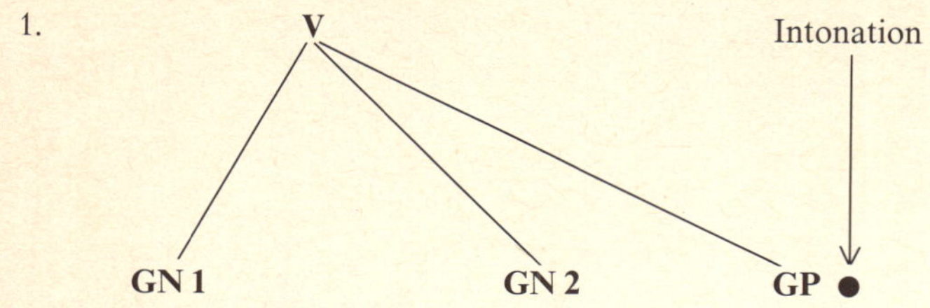

Le téléphone	**sonne.**		
M. Dubois	**arrive.**		
Nicole	**regarde**	**la télévision.**	
M. Dubois	**appelle**	**Nicole.**	
Pascal	**est**		**chez Philippe.**
Philippe	**arrive**		**avec Pascal.**
Pascal	**lave**	**la voiture de M. Dubois**	**avec Philippe.**

1. Der Aussagesatz besteht aus dem Verb und seinen Ergänzungen.
   Das Verb ist der Kern des Satzes. Die Verbergänzungen können Nominal- bzw. Substantivgruppen (GN, *le groupe nominal*) und Präpositionalgruppen (GP, *le groupe prépositionnel*) sein.

   Der Satz kann bestehen aus

   – GN 1 + V

   – GN 1 + V + GN 2

   – GN 1 + V + GP

   – GN 1 + V + GN 2 + GP.

2. **S**	**V**	**O** dir	**E** präp
Subjekt (le sujet)	Verb (le verbe)	direktes Objekt (l'objet direct)	präpositionale Ergänzung (le complément prépositionnel)

2. Jede Verbergänzung hat eine Funktion im Satz:
   – die Nominalgruppe GN 1 ist **Subjekt** (S);
   – die Nominalgruppe GN 2 ist **direktes Objekt** (O dir);
   – die Präpositionalgruppe ist **präpositionale Ergänzung** (E präp).

Im Aussagesatz kann kein Verb ohne Subjekt stehen.
Jedoch erfordern nicht alle Verben direkte Objekte oder präpositionale Ergänzungen.
O dir und E präp werden deshalb auch als **Satzergänzungen** bezeichnet.

Die Reihenfolge der Satzglieder im Aussagesatz ist
Subjekt + **V**erb + Satzergänzungen.
Folgen dem Verb zwei Satzergänzungen, so steht das direkte Objekt **vor** der präpositionalen Ergänzung:
S + V + O dir + E präp.

Beachte:

Im Unterschied zum Deutschen besteht die Reihenfolge S + V auch, wenn der Satz mit einem Adverb oder einer adverbialen Bestimmung beginnt:

Bon. Alors, **j'**arrive.
Gut. Dann komme **ich.**

Die Gesamtfrage – L'interrogation totale

§ 5

1.		Tu	travailles?		
		Et Monique?			
		Elle	regarde	la télé	avec Nicole?
2.	**Est-ce que**	Pascal	lave	la voiture de papa?	
	Est-ce que	Nicole	travaille?		
	Est-ce qu'	elle	regarde	la télé	avec Monique?
	Est-ce qu'	elle	appelle	Pascal?	
	Est-ce que	**S**	**V**	**O** dir	**E** präp	**?**

1. Die Gesamtfrage kann gebildet werden durch Änderung der Intonation (vgl. § 2). Diese Art der Fragebildung heißt **Intonationsfrage.**

2. Die Gesamtfrage kann auch gebildet werden durch Voranstellen der Frageformel *est-ce que*. Diese Art der Fragebildung heißt **Umschreibungsfrage.**

Beachte: Vor Vokal wird *que* zu *qu'*.

In der Gesamtfrage haben die Satzglieder die gleiche Reihenfolge wie im Aussagesatz (keine Inversion!).
In der gesprochenen Sprache kommt die Intonationsfrage am häufigsten vor. (Vgl. § 2.)

Das Substantiv, der bestimmte Artikel und der unbestimmte Artikel
Le substantif, l'article défini et l'article indéfini

§ 6

Das Französische hat zwei grammatische Geschlechter: Femininum *(le féminin)* und Maskulinum *(le masculin)*.
Das französische Substantiv hat in der Regel einen Artikel oder einen anderen Begleiter (Determinante) bei sich.
Im Französischen gibt es – abweichend vom Deutschen – auch einen unbestimmten Artikel Plural.

Substantiv mit	**unbestimmtem Artikel**				Substantiv mit	**bestimmtem Artikel**			
1. Voilà	**une**	chambre.	ein	Zimmer →	C'est	**la**	chambre	de Pascal.	das Zimmer
Voilà	**une**	amie de Pascal.	eine	Freundin	C'est Monique,	**l'**	amie	de Nicole.	die Freundin
Pascal apporte	**un**	disque	eine	Schallplatte	Monique regarde	**le**	disque		die Schallplatte
et	**un**‿	électrophone.	einen	Plattenspieler	et	**l'**	électrophone	de Pascal.	den Plattenspieler
2. Pascal apporte	**des**	bouteilles		Flaschen	Nicole pose	**les**	bouteilles		die Flaschen
et	**des**	verres.		Gläser	et	**les**	verres	sur la table.	die Gläser
On sonne.									
Ce sont	**des**‿	amis de Pascal?		Freunde	Non. Ce sont	**les**‿	amies	de Nicole.	die Freundinnen

1. Der **unbestimmte** Artikel heißt im **Singular**
   une [yn] in der weiblichen Form,
   un [œ̃/ɛ̃] in der männlichen Form.
   Vor vokalischem Anlaut wird *un* in der Aussprache gebunden.
2. Der **unbestimmte** Artikel heißt im **Plural**
   des in der weiblichen und männlichen Form.
   Vor vokalischem Anlaut wird *des* in der Aussprache gebunden.

Der **bestimmte** Artikel heißt im **Singular**
la in der weiblichen Form,
le in der männlichen Form.
Vor vokalischem Anlaut werden *la* und *le* zu *l'*. (Vgl. § 1.)
Der **bestimmte** Artikel heißt im **Plural**
les in der weiblichen und männlichen Form.
Vor vokalischem Anlaut wird *les* in der Aussprache gebunden.

Die Teilfrage mit 'où' – L'interrogation partielle avec *où* §7

Teilfragen sind Fragen, die nach einem Satzteil fragen: nach dem Subjekt, dem Verb oder einer Satzergänzung. Sie haben in der Regel fallende Intonation.
Das Fragewort *où* kann nach einer Ortsangabe (wo?) und nach einer Zielangabe (wohin?) fragen:
Où est Nicole? Wo ist Nicole? – *Où est-ce qu'elle pose le plateau?* Wohin stellt sie das Tablett?

1. Où			**est**	**Nicole?**
Où			**travaille**	**Philippe?**
Où			**sont**	**les amis de Nicole?**
2. Où	**est-ce qu'**	**il**	est?	
Où	**est-ce qu'**	**elle**	est?	
Où	**est-ce qu'**	**elle**	travaille?	
3. Où	**est-ce que**	Pascal	lave	**la voiture de M. Dubois?**
Où	**est-ce que**	Philippe	répare	**le vélomoteur de Pascal?**
Où	**est-ce que**	Nicole	pose	**le plateau?**

1. *Où* ... steht, wenn das Subjekt ein **Substantiv** ist und der Satz **keine Satzergänzung** hat.
2. *Où est-ce que* ... steht in der Regel, wenn das Subjekt ein **Pronomen** ist.
3. *Où est-ce que* ... steht auch, wenn der Satz eine Satzergänzung hat.

3

B **Die Verben auf '-re': Präsens, 1.–3. Person Singular; Imperativ** §8

Les verbes en *-re*: présent, singulier; impératif

	Lautbild	**Schriftbild**	**Ebenso:**
1.	[fɛr]	**faire**	lire
	[ʒəfɛ]	je fais	dire
	[tyfɛ]	tu fais	écrire
	[ilfɛ]	il fait	voir
	[ɛlfɛ]	elle fait	
	[ɔ̃fɛ]	on fait	
	[fɛ]	Nicole, fais la chambre.	
2.	[repɔ̃dr]	**répondre**	attendre
	[ʒərepɔ̃]	je réponds	prendre
	[tyrepɔ̃]	tu réponds	mettre
	[ilrepɔ̃]	il répond	
	[ɛlrepɔ̃]	elle répond	
	[ɔ̃repɔ̃]	on répond	
	[repɔ̃]	Gisèle, réponds à la question.	

1. Viele Verben bilden den Infinitiv auf -[r], geschrieben *-re* (oder *-r*). Ihr Singularstamm endet meist **hörbar** auf einen Vokal: [fɛ], [li], [vwa]. Im **Schriftbild** haben sie die Personalendungen *-s*, *-s*, *-t*.

   Der Imperativ Singular hat die stumme Endung *-s* (wie die 1. Person).

C

2. Die Verben, deren Stamm **in der Schrift** auf *-d* oder *-t* endet, bekommen in der 3. Person Singular kein Endungs-*t*.

   Der Imperativ Singular hat die stumme Endung *-s*.

Die Teilfrage mit 'que' und 'qu'est-ce que'? – L'interrogation partielle avec *que* et *qu'est-ce que*

1. Die Frage mit 'qu'est-ce que' § 9

1. **Qu' est-ce que**	Gisèle	apporte?		–	(Elle apporte)	**un cahier.**
Qu' est-ce qu'	elle	voit	sur la chaise?	–	(Elle voit)	**le magnétophone de Philippe.**
2. **Qu' est-ce qu'**	elle	**dit**	à Philippe?	–	Elle dit:	**«Tiens! Tu as un magnétophone?»**
Qu' est-ce que	Thierry	**fait?**		–		Il **apporte le micro.**
Qu' est-ce que	**S**	**V**	**E** präp / **O** ind ?		⟶	**O** dir

1. Mit *qu'est-ce que (= que + est-ce que)* fragt man nach Gegenständen und Sachen.
   Man fragt meist nach dem direkten Objekt.
2. Mit *qu'est-ce que + dire* fragt man nach ganzen Aussagen.
   Mit *qu'est-ce que + faire* fragt man nach dem Verb und seiner Ergänzung.

Beachte:

	Gisèle	**apporte**	un cahier. ↓
Est-ce que	**Gisèle**	**apporte**	un cahier de français? ↑
Qu' est-ce que	**Gisèle**	**apporte?** ↓	
Qu' est-ce que	**S**	**V**	

In allen Fragen, die mit der Frageformel *est-ce que* gebildet werden, steht das Subjekt **vor** dem Verb (wie im Aussagesatz).
Es tritt also keine Inversion ein. (Vgl. § 5 und § 7.)

2. 'Que' und 'qu'est-ce que' § 10

Die Frage mit *qu'est-ce que* kann immer verwendet werden.

Qu'est-ce que **Philippe** fait? 1. Qu'est-ce qu' **il** fait?	**Que** fait **Philippe?**	**Aber:** Qu'est-ce que Philippe **é**coute?
Qu'est-ce que **Gisèle** dit? 2. Qu'est-ce que **Gisèle** dit **à Nicole?**	**Que** dit **Gisèle?**	Qu'est-ce que Gisèle **a**pporte?

Qu'est-ce que steht in der Regel,
1. wenn das Subjekt ein **Pronomen** ist;
2. wenn der Satz eine **Satzergänzung** hat.

Que kann stehen, wenn das Subjekt ein **Substantiv** ist und wenn der Satz **keine Satzergänzung** hat.

Aber:
Wenn das Verb vokalisch anlautet, steht immer *qu'est-ce que.*

Unterscheide die Frage nach dem Subjekt:

Frage nach einer Person:	**Qui** est-ce?	– C'est **Gisèle.**
Frage nach einer Sache:	**Qu'est-ce que** c'est?	– C'est **un magnétophone.**

4

A 'il y a' und 'est/sont' § 11

Der unpersönliche Ausdruck *il y a* führt Personen und Gegenstände ins Gespräch ein.
Nach *il y a* kann ein Substantiv im Singular oder im Plural folgen:
Devant la maison, il y a **une voiture**. Dans la voiture, il y a **deux dames**.

1. **Qu'est-ce qu'**	**il y a**	dans la chambre de Thierry?
(Dans sa chambre,)	**il y a**	**un magnétophone et des cassettes.**
Sur une chaise,	**il y a**	**des disques.**
Ortsbestimmung	**il y a**	**S**

1. Will man wissen, **was** sich an einem Ort befindet, fragt man mit *qu'est-ce qu'il y a*.

   Die Antwort lautet: (Ortsbestimmung +) *il y a* + S.

2. **Où**	**est**	le magnétophone?
Où	**sont**	les disques?
Le magnétophone	**est**	**sur la table.**
Les disques	**sont**	**sur une chaise.**
S	**est/sont**	**Ortsbestimmung**

2. Will man wissen, **wo** sich etwas Bestimmtes befindet, fragt man mit *où est/où sont*.

   Die Antwort lautet: S + *est/sont* + Ortsbestimmung.

Die Grundzahlen von 1–10 – Les nombres de 1 à 10 § 12

Die Aussprache der Zahlen hängt davon ab, ob sie allein stehen oder ob ihnen ein Substantiv folgt und ob dieses Substantiv vokalisch oder konsonantisch anlautet.

1 un, une [œ̃] [yn]	2 deux [dø]	3 trois [trwɑ]	4 quatre [katr]	5 cinq [sɛ̃k]	6 six [sis]	7 sept [sɛt]	8 huit [ɥit]	9 neuf [nœf]	10 dix [dis]	**alleinstehend**
1 F [œ̃frɑ̃]	2 F [døfrɑ̃]	3 F [trwɑfrɑ̃]	4 F [katfrɑ̃]	5 F [sɛ̃frɑ̃]	6 F [sifrɑ̃]	7 F [setfrɑ̃]	8 F [ɥifrɑ̃]	9 F [nœffrɑ̃]	10 F [difrɑ̃]	**vor** Substantiv mit **Konsonant**
1 ami [œ̃nami]	2 amis [døzami]	3 amis [trwɑzami]	4 amis [katrami]	5 amis [sɛ̃kami]	6 amis [sizami]	7 amis [setami]	8 amis [ɥitami]	9 amis [nœfami]	10 amis [dizami]	**vor** Substantiv mit **Vokal**

Beachte: 1. Sept [sɛt] verändert die Aussprache nie.
2. Vor *un* und *huit* wird in der Aussprache nicht gebunden: *les nombres* **de** *un à dix; les huit disques* [leɥidisk].

Unterscheide: *une page – page 1* [œ̃].

B Der Aussagesatz (II) – La phrase déclarative § 13

	S	V	O dir	O ind
1.	Philippe	attend	**Gisèle.**	
	Il	regarde	**Thierry.**	
	Thierry	écrit		**à un ami.**
	Il	écrit		**à Eric.**
	M. Dubois	écrit		**à M. Leroc.**
2.	Daniel	donne	**10 F**	**à Monique.**
	La marchande	vend	**des citrons**	**à M. Neveu.**
	Elle	vend	**des tomates**	**à une dame.**
	La dame	donne	**5 F**	**à la marchande.**
	Un jeune homme	demande	**un concombre**	**à la marchande.**
	La marchande	vend	**un concombre**	**au jeune homme.**
	Elle	montre	**les melons**	**aux clients.**

1. Hat der Satz nur ein **Personen**objekt, so kann es **direktes** Objekt oder **indirektes** Objekt sein. Das indirekte Objekt wird wie eine präpositionale Ergänzung mit der Präposition *à* angeschlossen.

2. Hat der Satz zwei Objekte, so ist meist das **Sach**objekt **direktes** Objekt und das **Personen**objekt **indirektes** Objekt.

Beachte:
Die Präposition *à* verschmilzt mit *le* zu *au* und mit *les* zu *aux*.

Das indirekte Objekt steht in der Regel **nach** dem direkten Objekt.

Die Verben auf '-er': Präsens Singular und Plural – Les verbes en *-er:* présent, singulier et pluriel § 14

regarder				
Stamm:	**Stammbetont**	**Endungsbetont**		**Ebenso:**
[rəgard]	**je** regarde			porter
	tu regardes			arriver
	il regarde			donner
	elle regarde			écouter
	on regarde	**nous** regardons	[-ɔ̃]	laver
		vous regardez	[-e]	travailler
	ils regardent			u. a.
	elles regardent			sowie
				ouv**rir**:
				j'ouvre
				(Vgl. § 3.)

Merke:	nous mangeons	[-ʒ-]	– nous commençons	[-s-]
Ebenso:	l' orangeade	[-ʒ-]	– le garçon	[-s-]
	l' étage	[-ʒ]	ça	[sa]
Aber:	le garage	[g-]	– le concombre	[k-]
	à gauche	[g-]	la carotte	[k-]

Die meisten Verben auf [-e], geschrieben *-er*, haben für das Präsens **einen** Stamm.
Die Personen des Singular und die 3. Person Plural sind **stammbetont.**
Die 3. Person Plural lautet **hörbar** wie die 3. Person Singular.
Sie hat die stumme Endung *-ent.*

Bei vokalisch anlautenden Verben erkennt man den Plural an der Bindung:
il arrive [ilariv]
ils‿arrivent [ilzariv].

Die 1. und 2. Person Plural sind **endungs**betont.

Die 2. Person Plural wird auch als Höflichkeitsform benutzt.
Sie kann sich an eine oder mehrere Personen wenden:

Qu'est-ce que **vous** désirez?	Was wünscht **ihr**?
Qu'est-ce que **vous** désirez, **madame**?	Was wünschen **Sie** (Sg.)?
Vous désirez des abricots, **messieurs**?	Wünschen **Sie** (Pl.) Aprikosen?

Auch in der Anrede wird *vous* kleingeschrieben.

Beachte die Subjektpronomen 'ils' und 'elles':

– Où sont	**les amies**	de Monique?	– Où sont	**les oranges?**	
	– Elles	sont au marché.		**– Elles**	sont dans le sac.
– Où sont	**les amis**	de Daniel?	– Où sont	**les disques?**	
	– Ils	sont dans le jardin.		**– Ils**	sont sur la table.
– Où sont	**Nicole et Philippe?**		– Où sont	**les bouteilles et les verres?**	
	– Ils	sont sur le balcon.		**– Ils**	sont là.

Das Subjektpronomen *elles* verweist auf ein **weibliches** Substantiv im Plural.
Das Subjektpronomen *ils* verweist auf ein **männliches** Substantiv im Plural.

Ils steht auch für Substantive verschiedenen Geschlechts. (Vgl. die Subjektpronomen *elle* und *il*, § 3.)

Vergleiche mit dem Deutschen und Englischen:

Französisch:	**Deutsch:**	**Englisch:**
Où sont **les bouteilles? Elles** sont là. **les verres? Ils** sont là.	Wo sind **die Flaschen?** **die Gläser?** } **Sie** sind dort.	Where are **the bottles?** **the glasses?** } **They** are over there.

Die Verben auf '-re': Präsens Singular und Plural — § 15

Les verbes en -re: présent, singulier et pluriel

attendre		
Stämme:	**Stammbetont**	**Endungsbetont**
Sg. [atɑ̃]	j' attends tu attends il attend elle attend on‿attend	
Pl. [atɑ̃d]	ils‿attendent [ilzatɑ̃d] elles‿attendent [ɛlzatɑ̃d]	nous‿attendons [nuzatɑ̃dɔ̃] vous‿attendez [vuzatɑ̃de]

Die meisten Verben auf [-r], geschrieben *-re*, haben **zwei** Stämme, einen Singularstamm und einen Pluralstamm. Die Pluralformen haben die gleichen Endungen wie die Verben auf *-er*.

Beachte:
Vor vokalisch anlautendem Verb werden *nous, vous, ils, elles* und *on* bei allen Verben in der Aussprache gebunden.

Ebenso: répondre, vendre, perdre, rendre (vgl. § 8).

Ebenfalls 2 Stämme haben folgende Verben:

lire				**écrire**				**mettre**			
je lis tu lis il lit	[li]	nous **lis**ons vous **lis**ez ils **lis**ent	[liz-]	j' écris tu écris il écrit	[ekri]	nous **écriv**ons vous **écriv**ez ils **écriv**ent	[ekriv-]	je mets tu mets il met	[mɛ]	nous **mett**ons vous **mett**ez ils **mett**ent	[mɛt-]

Verben mit Sonderformen im Plural §16

prendre	**dire**	**faire**
je prends tu prends il prend	je dis tu dis il dit	je fais tu fais il fait
nous **prenons** [prənõ] vous prenez ils **prennent** [prɛn]	nous **disons** [dizõ] vous **dites** [dit] ils **disent** [diz]	nous **faisons** [fəzõ] vous **faites** [fɛt] ils **font** [fõ]

Beachte:

1. Um ein Verb im Präsens konjugieren zu können, reicht es in der Regel aus, sich 3 Formen zu merken:
   - **die 1. Person Singular,** aus deren Stamm sich die 2. und 3. Person Singular ableiten lassen:
     je **prends** (tu prends, il prend) – je **lis** (tu lis, il lit) – je **mets** (tu mets, il met);
   - **die 2. Person Plural,** aus deren Stamm sich die 1. Person Plural ableiten läßt:
     vous **pren**ez (nous prenons) – vous **lis**ez (nous lisons) – vous **mett**ez (nous mettons);
   - **die 3. Person Plural:**
     ils **prennent** – ils **lisent** – ils **mettent.**

   Da aus diesen Formen weitere Formen abgeleitet werden können, heißen sie **Stammformen** oder **Ableitungsbasen**.

2. Einige Verben haben auch für die 3. Person Plural einen eigenen Stamm:

il prend	il fait	il est	il va	il a
ils **prennent**	ils **font**	ils **sont**	ils **vont**	ils‿**ont**.

Der Imperativ – L'impératif §17

Vertrauliche Anrede			**Höfliche Anrede**		
1. Thierry,	écoute.	… hör zu!	3.	Ecoutez, **madame**.	Hören Sie zu!
	Attends.	Warte!		Attendez.	Warten Sie!
	Lis ça.	Lies das!		Madame, lisez ça.	… lesen Sie das!
2. Philippe et Thierry,	écoutez.	… hört zu.	4.	Ecoutez, **messieurs**.	Hören Sie zu!
	Attendez.	Wartet.		Attendez.	Warten Sie!
	Lisez ça.	Lest das.		Messieurs, lisez ça.	… lesen Sie das!

1. Der **Imperativ Singular** steht in vertraulicher Anrede, wenn die Aufforderung an **eine** Person gerichtet ist.
   Er ist **stammbetont** und hat die stummen Endungen der 1. Person Singular.
2. Der **Imperativ Plural** steht in vertraulicher Anrede, wenn die Aufforderung an **mehrere** Personen gerichtet ist.
   Er ist **endungsbetont** und hat die Endungen der 2. Person Plural.
3. Der Imperativ Plural steht auch in der **höflichen Anrede**.

Beachte: Nach dem Imperativ steht im Französischen normalerweise ein Punkt.

avoir § 18

Stammbetont	**Endungsbetont**
j' **ai** [ʒɛ]	
tu **as** [tya]	
il **a**	
	nous **avons** [nuzavõ]
	vous avez [vuzave]
ils **ont** [ilzõ]	

Das Verb *avoir* ist unregelmäßig: es hat mehrere Stämme.

Unterscheide:

ils‿ont	[ilzõ]	elles‿ont	[ɛlzõ]
ils sont	[ilsõ]	elles sont	[ɛlsõ]

Die direkten Objektpronomen 'le/la/les' im bejahten Satz § 19

Les pronoms objets directs *le/la/les* dans la phrase affirmative

Die Stelle eines **nominalen** direkten Objekts kann im Folgesatz ein **Pronomen** (Stellvertreter) besetzen:

Tu portes **le sac?** – D'accord. Je **le** porte.

1. Tu vois	**le**	stand?	– Oui,	je	**le**	vois.
	l'	ami de Daniel?				
		Daniel?				
	la	dame?			**la**	
	l'	amie de Monique?				
		Monique?				
	les	pêches?			**les**	
	les	abricots?				
		Philippe et Thierry?				

1. Die direkten Objektpronomen (PO dir) lauten in der vollen Form wie der bestimmte Artikel.
   Le verweist auf ein **männliches** Substantiv im Singular.
   La verweist auf ein **weibliches** Substantiv im Singular.
   Les verweist auf ein Substantiv im **Plural**.

S	**V**	**O** dir	**S**	**PO** dir	**V**

Die Objektpronomen stehen **vor** dem Verb.

2.	Tu as	**la**	bouteille?	– Oui, je	**l'**	**ai**.
	Où est	**le**	magnétophone?	– Attendez. Je	**l'**	apporte.
	Et	**l'**	électrophone?	– Je	**l'**	apporte aussi.
	Tu as	**ma**	cassette?	– Oui, je	**l'**	ai.
	Tu as	**mes**	disques?	– Oui, je	**les**	ai.
	Où est		**Nicole?**	– Attendez. Je	**l'**	appelle.

2. Vor vokalisch anlautendem Verb verhalten sich *le, la, les* wie der bestimmte Artikel:
   la und *le* werden zu *l'*;
   les wird in der Aussprache gebunden.
   (Vgl. § 6.)

Beachte:
Die direkten Objektpronomen stehen auch bei *voilà* (entstanden aus *vois là* = sieh da):

Où est le journal? – Tiens **Le** voilà. ... Hier ist sie.
Tu as la lettre d'Eric? – Oui. **La** voilà. ... Hier ist er.

5

A Die Grundzahlen von 10–69 – Les nombres de 10 à 69 § 20

10	dix	[dis]	20	vingt	[vɛ̃]	30	trente	[trɑ̃t]
11	onze	[ɔ̃z]	21	vingt **et** un	[vɛ̃teœ̃]	31	trente **et** un	[trɑ̃teœ̃]
12	douze	[duz]	22	vingt-deux	[vɛ̃tdø]	32	trente-deux	[trɑ̃tdø]
13	treize	[trɛz]	23	vingt-trois	[vɛ̃ttrwɑ]	33	trente-trois	
14	quatorze	[katɔrz]	24	vingt-quatre	[vɛ̃tkatr]	34	trente-quatre	
15	quinze	[kɛ̃z]	25	vingt-cinq	[vɛ̃tsɛ̃k]	35	trente-cinq	
16	seize	[sɛz]	26	vingt-six	[vɛ̃tsis]	36	trente-six	
17	dix-sept	[disɛt]	27	vingt-sept	[vɛ̃tsɛt]	37	trente-sept	
18	dix-huit	[dizɥit]	28	vingt-huit	[vɛ̃tɥit]	38	trente-huit	
19	dix-neuf	[diznœf]	29	vingt-neuf	[vɛ̃tnœf]	39	trente-neuf	
40	quarante	[karɑ̃t]	50	cinq**u**ante	[sɛ̃kɑ̃t]	60	soi**x**ante	[swasɑ̃t]
41	quarante **et** un	[karɑ̃teœ̃]	51	cinquante **et** un	[sɛ̃kɑ̃teœ̃]	61	soixante **et** un	[swasɑ̃teœ̃]
42	quarante-deux	[karɑ̃tdø]	52	cinquante-deux	[sɛ̃kɑ̃tdø]	62	soixante-deux	[swasɑ̃tdø]
43	quarante-trois		53	cinquante-trois		63	soixante-trois	
44	quarante-quatre		54	cinquante-quatre		64	soixante-quatre	
45	quarante-cinq		55	cinquante-cinq		65	soixante-cinq	
46	quarante-six		56	cinquante-six		66	soixante-six	
47	quarante-sept		57	cinquante-sept		67	soixante-sept	
48	quarante-huit		58	cinquante-huit		68	soixante-huit	
49	quarante-neuf		59	cinquante-neuf		69	soixante-neuf	

Beachte:

1. Von der Zahl 17 an werden die Zahlen im Französischen aus Zehnern + Einern gebildet. Der Einer 1 wird mit *et* angeschlossen, die Einer 2–9 mit Bindestrich.
2. Bei vorangestellten Zahlen mit dem Einer 1 wird Maskulinum und Femininum unterschieden:
   vingt et **un** disques
   vingt et **une** cassettes. **Aber:** page vingt et un.
3. Vor *onze* wird weder apostrophiert noch in der Aussprache gebunden:
   les nombres **de** onze à vingt; **les** onze livres [leɔ̃z]. (Die Zahlen von 1–10 s. § 12.)

B vouloir § 21

Stammbetont	**Endungsbetont**
je **veux** [vø]	
tu **veux**	
il **veut**	
	nous **voul**ons [vul-]
	vous voulez
ils **veul**ent [vœl]	

Vouloir kann ein direktes Objekt bei sich haben:
Tu veux **un sandwich?**
Es kann auch einen Infinitiv bei sich haben:
– Qu'est-ce que vous voulez **faire?**
– On veut **regarder** la télé.

Die präpositionale Ergänzung mit 'de' – Le complément du nom § 22

1.	**La** marchande	a un stand.	Voilà le stand	**de la**	marchande.	**Merke:**
	L' ami de Monique	a un vélomoteur.	Voilà le vélomoteur	**de l'**	ami de Monique.	
	Le professeur	a un magnétophone.	Voilà le magnétophone	**du**	professeur.	de+le > **du**
	Les frères de Nicole	ont des cassettes.	Voilà les cassettes	**des**	frères de Nicole.	de+les > **des**
	Les‿amis de Thierry	ont des vélos.	Voilà les vélos	**des**‿	amis de Thierry.	
2.	**Pascal**	a un vélomoteur.	Voilà le vélomoteur	**de**	Pascal.	**Vergleiche:**
	M. Dubois	a une voiture.	Voilà la voiture	**de**	M. Dubois.	à+le > **au**
	Les Leroc	ont une maison.	Voilà la maison	**des**	Leroc.	à+les > **aux** (Vgl. § 13.)

Eine Nominalgruppe kann durch eine präpositionale Ergänzung mit *de* erweitert und näher bestimmt werden.

1. Das mit *de* angeschlossene Substantiv steht in der Regel **mit** dem bestimmten Artikel;
   de + *le* verschmelzen zu *du*, *de* + *les* verschmelzen zu *des*.
2. Personennamen im **Singular** stehen **ohne** Artikel. Familiennamen im **Plural** stehen **mit** dem bestimmten Artikel.

Beachte:

Die Präposition *de* kann auch zwei Substantive zu einem festen Begriff verbinden:

la salle **de** bains	das Badezimmer	un exercice **de** maths	eine Matheaufgabe
un disque **de** jazz	eine Jazzplatte	les pommes **de** terre	die Kartoffeln

In diesen Fällen wird das näher bestimmende Substantiv **ohne** Artikel angeschlossen.

Aber: le tarif **des** consommations die Preistafel (im Gasthaus).

Mengenwörter mit 'de' – Substantifs et adverbes de quantité avec *de* § 23

	Zählbare Dinge			
Monique demande	**un kilo**	**de** pêches,	... ein Kilo	Pfirsiche,
	trois kilos	**de** pommes,	drei Kilo	Äpfel
et	**deux kilos**	**d'** abricots.	zwei Kilo	Aprikosen.
Elle demande	**combien**	**de** carottes?	... wieviel	Karotten?
	Nicht zählbare Dinge			
Sur le plateau du garçon, il y a	**deux tasses**	**de** thé,	... zwei Tassen	Tee,
	un verre	**d'** orangeade,	ein Glas	Orangensaft,
	une bouteille	**de** bière	eine Flasche	Bier und
et	**deux portions**	**de** beurre.	zwei Portionen	Butter.

Nach Mengenwörtern steht *de* + Substantiv **ohne** Artikel.

Vor Vokal wird *de* zu *d'*.
Zählbare Dinge stehen im **Plural**.

Nicht zählbare Dinge stehen im **Singular**.

Vergleiche die Mengenangaben im Französischen, Englischen und Deutschen:

Französisch:	un kilo **de** pommes	une bouteille **de** coca-cola	un verre **d'** orangeade
Englisch:	two pounds **of** apples	a bottle **of** coke	a glass **of** orange squash
Deutsch:	ein Kilo Äpfel	eine Flasche Coca-Cola	ein Glas Orangenlimonade

C Die Possessivbegleiter: 1.–3. Person Singular – Le déterminant possessif au singulier § 24

	2. Person		1. Person		3. Person
Monique, voilà	**ton** frère.	[tõfrɛr]	– **Mon** frère?	**Monique** appelle	**son** frère.
Daniel, voilà	**ton**‿ami.	[tõnami]	– **Mon**‿ami?	**Daniel** appelle	**son**‿ami.
Pascal, voilà	**ta** sœur.	[tasœr]	– **Ma** sœur?	**Pascal** appelle	**sa** sœur.
Gisèle, voilà	**ton**‿amie.	[tõnami]	– **Mon**‿amie?	**Gisèle** appelle	**son**‿amie.
Nicole, voilà	**tes** frères.	[tefrɛr]	– **Mes** frères?	**Nicole** appelle	**ses** frères.
Thierry, voilà	**tes**‿amies.	[tezami]	– **Mes**‿amies?	**Thierry** appelle	**ses**‿amies.

Die Possessivbegleiter können als Determinanten die Stelle des Artikels besetzen.
Sie richten sich – wie der Artikel – in Genus und Numerus nach dem Substantiv, das sie begleiten.

Beachte:
Vor vokalisch anlautenden weiblichen Substantiven stehen die Formen *mon*, *ton*, *son*.
Vor vokalischem Anlaut werden *mon*, *ton*, *son* in der Aussprache gebunden.
Mes, *tes*, *ses* werden vor vokalischem Anlaut in der Aussprache ebenfalls gebunden.

Vergleiche die Possessivbegleiter im Französischen, Deutschen und Englischen:

Französisch:	Deutsch:		Englisch:	
Il appelle / **Elle** appelle	**Er** ruft	**Sie** ruft	**He** calls	**She** calls
↓	↓	↓	↓	↓
ses‿amis,	**seine** Freunde,	**ihre** Freunde,	**his** friends,	**her** friends,
son frère,	**seinen** Bruder,	**ihren** Bruder,	**his** brother,	**her** brother,
sa sœur.	**seine** Schwester.	**ihre** Schwester.	**his** sister.	**her** sister.

Im Französischen richtet sich der Possessivbegleiter **ausschließlich nach dem Substantiv**, vor dem er steht, und nicht – wie im Deutschen und Englischen – nach dem Besitzer. Dies gilt auch für die 3. Person.

Die Verneinung mit 'ne … pas' – La négation avec *ne … pas* § 25

Tu	**fumes?**		– Non,	je	**ne**	**fume**	**pas.**	
Tu	**as**	soif?	– Non,	je	**n'**	**ai**	**pas**	soif.
On	**regarde**	la télé?	– Ah non,	on	**ne**	**regarde**	**pas**	la télé maintenant!
Maman	**est**	au marché?	– Non,	elle	**n'**	**est**	**pas**	au marché.
				Elle		**est**		chez Mme Neveu.
Tu	**veux**	lire le journal?	– Non,	je	**ne**	**veux**	**pas**	**lire** le journal,
				je		**veux**		**écouter** un disque.
S	V	Satzerg.		S	ne	V	pas	Satzergänzungen

Die Verneinung wird im Französischen mit **zwei** Verneinungswörtern gebildet, mit *ne* und *pas*:
Je **ne** travaille **pas**.
Ich arbeite **nicht**.
Ne steht **vor** der Personalform des Verbs, *pas* steht **nach** ihr.
Vor vokalisch anlautendem Verb wird *ne* zu *n'*.

In der Umgangssprache wird *ne* wie *n'* ausgesprochen oder ganz weggelassen, also:
Geschrieben: Je ne fume pas. Gesprochen: [ʒənfympɑ] oder [ʒəfympɑ].

acheter, appeler, payer

Stammbetont		Endungsbetont		Ebenso:	
1.		**acheter**		peser	
j' ach**è**te	[aʃɛt]			je p**è**se	[pɛz]
tu ach**è**tes	[aʃɛt]			nous pesons	[pəzõ]
il ach**è**te	[aʃɛt]				
		nous achetons	[aʃtõ]		
		vous achetez	[aʃte]		
ils ach**è**tent	[aʃɛt]				
2.		**appeler**			
j' appe**ll**e	[apɛl]				
tu appe**ll**es	[apɛl]				
il appe**ll**e	[apɛl]				
		nous appe**l**ons	[aplõ]		
		vous appe**l**ez	[aple]		
ils appe**ll**ent	[apɛl]				
3.		**payer**		**Nebenformen**	
je pa**i**e	[pɛ/pej]			je paye	
tu pa**i**es	[pɛ/pej]			tu payes	
il pa**i**e	[pɛ/pej]			il paye	
		nous payons	[pejõ]		
		vous payez	[peje]		
ils pa**i**ent	[pɛ/pej]			ils payent	

Beachte die Aussprache und Schreibweise des E-Lauts im Stamm:

Stammbetonte Formen
gesprochen [-ɛ-],
geschrieben *-è* + Einfachkonsonant (ach**è**te).

Endungsbetonte Formen
gesprochen [-] oder [ə],
geschrieben *-e* + Einfachkonsonant.

Stammbetonte Formen
gesprochen [-ɛ-],
geschrieben *-e* + Doppelkonsonant (appe**ll**e).

Endungsbetonte Formen
gesprochen [-],
geschrieben *-e* + Einfachkonsonant.

Stammbetonte Formen
gesprochen [-ɛ] oder [-ej],
geschrieben *-ai-* oder *-ay-*.

Endungsbetonte Formen
gesprochen [-ej-],
geschrieben nur *-ay-*.

offrir, partir, boire

Stammbetont	Endungsbetont	Stammbetont		Endungsbetont	Stammbetont		Endungsbetont
	offrir			**partir**	**boire**		
j' offr**e**		je **pars**	[par]		je **bois**	[bwa]	
tu offr**es**		tu pars			tu bois		
il offr**e**		il part			il boit		
	nous offrons			nous **part**ons			nous **buv**ons [byv-]
	vous offrez			vous partez			vous buvez
ils offr**ent**		ils **part**ent	[part]		ils **boiv**ent	[bwav]	

Ebenso: ouvrir

j' ouvre — nous‿ouvrons
ils‿ouvrent

Ebenso: servir

je sers — nous servons
ils servent

Die Teilfrage mit 'qui' – L'interrogation partielle avec *qui* § 28

Marc	cherche	ses allumettes.	
Qui	a	un briquet?	Wer?

Das Fragewort *qui* fragt nach Personen.

S	V	O dir	Präp. + qui	?		Präp. + qui	est-ce que	S	V	O dir	?
Martine	arrive		**avec son ami.**								
Elle	arrive		**avec qui?**		Mit wem?	**Avec qui**	est-ce qu'	elle	arrive?		
Marc	offre	une cigarette	**à ses amis.**								
Il	offre	une cigarette	**à qui?**		Wem?	**A qui**	est-ce qu'	il	offre	une cigarette?	
Le garçon	apporte	une bière	**pour Eric.**								
Il	apporte	un thé	**pour qui?**		Für wen?	**Pour qui**	est-ce qu'	il	apporte	un thé?	
Il	oublie	le coca	**de Marc?**								
Il	oublie	la glace	**de qui?**		Wessen?						

Das Fragewort *qui* kann – wie Substantive – mit Präpositionen angeschlossen werden.
Die Teilfrage mit *qui* kann als Intonationsfrage oder mit *est-ce que* gebildet werden.
In beiden Fragearten stehen die Satzglieder in der Reihenfolge des Aussagesatzes: S + V + O dir.
Beide Fragearten haben normalerweise fallende Intonation. (Vgl. § 7, § 9 und 10.)

6

A ne ... pas de § 29

Michel a	**un**	frère,	mais il	**n'**	a	**pas de**	sœur.
Il a	**un**	magnétophone,	mais il	**n'**	a	**pas d'**	électrophone.
Il a	**des**	cassettes,	mais			**pas de**	disques.
Michel lit	**des**	livres,	mais il	**ne**	lit	**pas de**	journaux.
Il écrit	**des**	cartes,	mais			**pas de**	lettres.
A l'Hôtel Central, il y a	**un**	bar,	mais il	**n'**	y a	**pas de**	restaurant.
Il y a	**des**	douches,	mais			**pas de**	salles de bains.

Ist das direkte Objekt ein Substantiv mit dem **unbestimmten** Artikel, so tritt im verneinten Satz *de* an die Stelle des Artikels.
Vor vokalischem Anlaut wird *de* zu *d'*.

Beachte die Stellung von *ne* in Verbindung mit *il y a*!

Im Satz ohne Verb steht nur *pas de* (ohne *ne*).

Vergleiche:

– On a **des** fruits à la maison?	– Oui, on		a	**un kilo**	**d'**	oranges,
	mais on	**n'**	a	**pas**	**de**	bananes.
	Thierry		mange	**beaucoup**	**de**	fruits,
	mais il	**ne**	mange	**pas**	**d'**	oranges.

Ne ... pas de gehört zur Gruppe der Mengenwörter.
Es bezeichnet die Menge Null.

Aber:

1.	Ce	**n'**	**est**	**pas**	**une**	lettre,	… kein Brief
	c'		**est**		**une**	carte.	
	Ce	**ne**	**sont**	**pas**	**des**	livres,	… keine Bücher
	ce		**sont**		**des**	cahiers.	
2.	Je	**n'**	**aime**	**pas**	**le**	jazz.	… keinen Jazz
	Je	**n'**	**aime**	**pas**	**les**	chansons.	… keine Chansons

1. Nach *ce n'est pas* und *ce ne sont pas* wird der unbestimmte Artikel des folgenden Substantivs **nicht** durch *de* ersetzt.
2. Nach verneintem *aimer* steht der **bestimmte** Artikel.

Unterscheide:

Eric **ne** boit **pas de** café.	Eric trinkt (überhaupt) keinen Kaffee.
Mireille **ne** boit **pas le** café **de Marc.**	Mireille (trinkt Kaffee, aber sie) trinkt Marcs Kaffee nicht.

B Die Possessivbegleiter: 1.–3. Person Plural § 30

Le déterminant possessif aux trois personnes du pluriel

	2. Person Plural		1. Person		3. Person
– Messieurs dames, vous oubliez	**votre** valise.	– Mince!	**Notre** valise!	Le monsieur et la dame prennent	**leur** valise,
– Vous oubliez	**votre** sac.	– Mince!	**Notre** sac!		**leur** sac,
– Vous oubliez	**vos** cigarettes.	– Mince!	**Nos** cigarettes!		**leurs** cigarettes
– Vous oubliez	**vos**‿allumettes.	– Mince!	**Nos**‿allumettes!	et	**leurs**‿allumettes.

1. Die Possessivbegleiter richten sich in der 1.–3. Person Plural nur im **Numerus** nach dem Substantiv, vor dem sie stehen:
   notre, votre, leur steht vor einem Substantiv im **Singular**,
   nos, vos, leurs steht vor einem Substantiv im **Plural**.
   Vor vokalisch anlautendem Substantiv werden *nos, vos, leurs* in der Aussprache gebunden.
2. *Votre, vos* kann sich auf einen oder auf mehrere Besitzer beziehen:
   C'est **votre** voiture, ça? – Non. **Notre** voiture est là-bas.
   Où est **votre** valise, **madame**? – **Ma** valise? Elle est encore dans la voiture.
   Messieurs dames, vous oubliez **vos** journaux! – Mince! **Nos** journaux!
   Votre, vos werden auch in der Anrede klein geschrieben. (Vgl. die Possessivbegleiter Singular, § 24.)

Vergleiche:

Elle	cherche	**son** sac,	**Sie** sucht	**ihre**	Tasche,
		sa lettre,		**ihren**	Brief,
		ses clés.		**ihre**	Schlüssel.
	C'est	**vôtre** journal?	Ist das	**Ihre**	Zeitung?
Vous	oubliez	**vos** cigarettes!	Vergessen Sie	**Ihre**	Zigaretten nicht!
Ils	prennent	**leurs** valises.	Sie nehmen	**ihre**	Koffer.
Ils	montent dans	**leur** voiture.	Sie steigen in	**ihren**	Wagen ein.

Die Ordnungszahlen – Les adjectifs numéraux ordinaux **§ 31**

$1^{\text{ère}}$ la première	5e la/le cinquième	11e **la/le** on**zi**ème	17e la/le dix-septième
1er le premier	6e la/le sixième	12e la/le dou**zi**ème	18e la/le dix-huitième
2e la deuxième/seconde [sgɔ̃d]	7e la/le septième	13e la/le trei**zi**ème	19e la/le dix-neu**vi**ème
le deuxième/second [sgɔ̃]	8e **la/le** huitième	14e la/le quator**zi**ème	20e la/le vingtième
3e la/le troisième	9e la/le neu**vi**ème	15e la/le quin**zi**ème	21e la/le vingt et **unième** [-ynjɛm]
4e la/le quat**ri**ème	10e la/le dixième	16e la/le sei**zi**ème	22e la/le vingt-deuxième etc.

Vor vokalisch anlautendem Substantiv wird *premier* wie die weibliche Form [prəmjɛr] gesprochen:
le premier‿étage [ləprəmjɛretaʒ].
Vor *huitième* und *onzième* wird der Artikel nicht apostrophiert:
le onzième étage, **la** huitième porte. – (Die Grundzahlen s. § 12 und § 20.)

C **'h muet' und 'h aspiré'** **§ 32**

Eine Anzahl französischer Wörter beginnt mit *h*. Das *h* am Wortanfang wird nie gesprochen. Dennoch werden die mit *h* beginnenden Wörter verschieden behandelt.

1. **h muet**					
l' heure	[lœr]	**les**‿heures	[lezœr]	Il est **deux**‿heures.	[døzœr]
l' histoire	[listwar]	**les**‿histoires	[lezistwar]	Raconte **ton**‿histoire.	[tɔ̃nistwar]
l' homme	[lɔm]	**les**‿hommes	[lezɔm]	Il s'adresse **aux**‿hommes.	[ozɔm]
l' hôtel	[lotɛl]	**les**‿hôtels	[lezotɛl]	Voilà la réception **de** l'hôtel.	[dəlotɛl]
j' habite	[ʒabit]	**ils**‿habitent	[ilzabit]	**Nous** habitons ici.	[nuzabitɔ̃]
2. **h aspiré**					
le hall	[ləɔl]	**les** halls	[leɔl]	Voilà l'entrée **du** hall.	[dyɔl]
le haricot	[ləariko]	**les** haricots	[leariko]	Elle demande le prix **des** haricots.	[deariko]
huit	[ɥit]			**les** huit livres	[leɥilivr]

1. Die meisten Wörter, die mit *h* beginnen, verhalten sich in Aussprache und Schreibweise wie **vokalisch** anlautende Wörter. Ihre Begleitwörter (Determinanten) werden wie bei den vokalisch anlautenden Wörtern apostrophiert oder in der Aussprache gebunden. Man nennt dieses *h* '*h muet*' (stummes *h*).
2. Einige Wörter, die mit *h* beginnen, verhalten sich in Aussprache und Schreibweise wie **konsonantisch** anlautende Wörter. Ihre Begleitwörter werden nicht apostrophiert und in der Aussprache nicht gebunden. Man nennt dieses *h* '*h aspiré*' (gehauchtes *h*, obwohl es in der Aussprache nicht mehr gehaucht wird).

Mit *h muet* beginnen vornehmlich Wörter lateinischer Herkunft, mit *h aspiré* hauptsächlich Wörter germanischer Herkunft.

aller, savoir, être

§ 33

Stammbetont	Endungsbetont	Stammbetont	Endungsbetont	Stammbetont	Endungsbetont
	aller		**savoir**	**être**	
je **vais** [vɛ] tu **vas** [va] il **va** ils **vont** [võ]	 nous‿**all**ons [al-] vous‿allez	je **sais** [sɛ] tu sais il sait ils **sav**ent [sav]	 nous **sav**ons [sav-] vous savez	je **suis** [sɥi] tu **es** [ɛ] il **est** nous **sommes** [sɔm] vous‿**êtes** [ɛt] ils **sont**	
Imp. Va.	**Allez.**	**Sache.** [saʃ]	**Sachez.**	**Sois.** [swa]	**Soyez.** [swaje]

Unterscheide:

ils vont [võ] — ils font [fõ]
nous savons [nusavõ] — nous‿avons [nuzavõ]
ils sont [ilsõ] — ils‿ont [ilzõ].

Beachte bei *être*:

2. Person Plural: *vous êtes;*
Imperativ: *soyez.*

Die drei Formen des Imperativs – Les trois personnes de l'impératif

§ 34

Im Französischen gibt es **drei** Imperativformen. Die Aufforderung kann gerichtet sein an

	manger		**répondre**		**partir**	
eine Person:	Mange. Mangez.	Iß. Essen Sie.	Réponds. Répondez.	Antworte. Antworten Sie.	Pars. Partez.	Geh (weg). Gehen Sie (weg).
mehrere Personen:	Mangez.	Eßt. Essen Sie.	Répondez.	Antwortet. Antworten Sie.	Partez.	Geht (weg). Gehen Sie (weg).
eine Gruppe, der man selbst angehört:	Mange**ons**.	Laßt uns essen.	Répond**ons**.	Laßt uns antworten.	Part**ons**.	Laßt uns (weg)gehen.

Beachte:

1. Der Imperativ Singular der Verben auf *-er* hat die stumme Endung *-e* (wie die 1. Person Singular).
   Der Imperativ Singular der übrigen Verben endet auf stummes *-s*. (Vgl. § 17.) **Aber:** aller – **va,** allez, allons.
2. Der Imperativ hat im Plural die Formen der 2. und 1. Person Plural:
   achète – achetez, achetons; prends – prenez, prenons; fais – faites, faisons; dis – dites, disons; bois – buvez, buvons.

Aber: *être – sois, soyez, soyons.*

A Die Uhrzeit – L'heure

§ 35

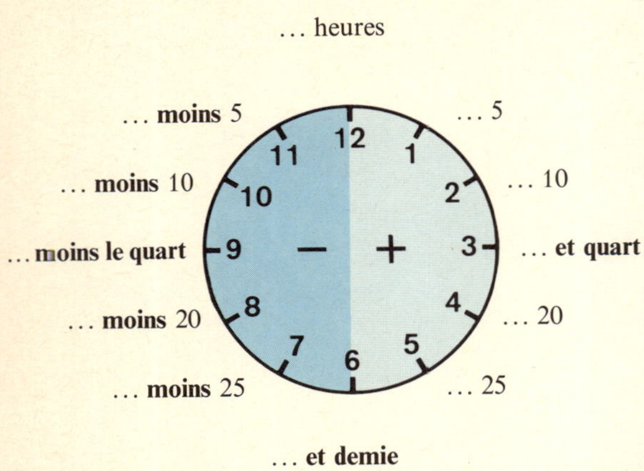

Quelle heure est-il?

Il est 3 heures	A la radio:
3 heures 5 [sɛ̃k]	
3 heures 10 [dis]	
3 heures **et quart**	15 heures 15 [kɛ̃z] (minutes)
3 heures 20 [vɛ̃]	
3 heures 25 [vɛ̃tsɛ̃k]	
3 heures **et demie**	15 heures 30 [trɑ̃t] (minutes)
4 heures **moins** 25	
4 heures **moins** 20	
4 heures **moins le quart**	15 heures 45 [karɑ̃tsɛ̃k] (minutes)
4 heures **moins** 10	
4 heures **moins** 5	

In der Umgangssprache werden die Stunden – wie im Deutschen – für die Tages- und Nachtzeit von 1 bis 12 gezählt.
Aber: Il est **midi**. Es ist 12 Uhr mittags.
Il est **minuit**. Es ist 12 Uhr nachts, Mitternacht.

Wenn Mißverständnisse entstehen können, fügt man die Tageszeit hinzu, und zwar

du matin	von 1 bis 11 Uhr:	On part à 6 heures du matin.
de l'après-midi	nachmittags von 1 bis 5 Uhr:	On arrive à 2 heures de l'après-midi.
du soir	nachmittags ab 6 Uhr:	On repart à 6 heures du soir.

Die Minuten werden in der ersten halben Stunde zur vorhergehenden Stunde hinzugefügt: Il est 3 heures 1 [yn], 2, 19 etc.
Aber: Il est 3 heures **et quart**.
Il est 3 heures **et demie**.

In der zweiten halben Stunde werden die Minuten von der nächsten vollen Stunde abgezogen. Il est 4 heures moins 1 [yn], 10, 20 etc.
Aber: Il est 4 heures moins **le** quart.

In offiziellen Zeitangaben werden die Stunden – wie im Deutschen – von 0 bis 24 und die Minuten von 1 bis 60 durchgezählt:
Il est 0 (zéro) heure [zeroœr]. Il est 0 heure 59. Il est 20 heures 45.

Beachte die Aussprache:

1. Il est 2 heures 1 [yn], 3 heures 21 [vɛ̃teyn]. Die weibliche Form steht, weil *minute* zu ergänzen ist.
2. Il est 5 heures 5 [sɛ̃k], **Aber:** Il est 5 heures 5 [sɛ̃] minutes,
6 heures 10 [dis], 6 heures 10 [di] minutes,
7 heures 8 [ɥit], 7 heures 8 [ɥi] minutes,
8 heures 26 [-sis]. 8 heures 26 [-si] minutes. (Vgl. § 12 und § 20.)

B Das 'passé composé' mit 'avoir' – Le passé composé avec *avoir*

J'	**ai**	travaillé	du matin au soir.
Tu	**as**	tapé	les lettres de M. Neveu?
Il	**a**	téléphoné	deux fois.
Nous	**avons**	appelé	le directeur.
Vous	**avez**	acheté	une machine à écrire?
Ils	**ont**	payé	le journal?
S	**P** form	**Part** passé	**Satzergänzungen**

Das *passé composé* (Perfekt) setzt sich meist zusammen aus einer Personalform (**P** form) von *avoir* und dem Partizip Perfekt *(le participe passé)* des betreffenden Verbs.
Das *participe passé* der Verben auf *-er* endet **hörbar** auf [-e] (wie der Infinitiv). Es wird gebildet aus dem Stamm des Infinitivs und der Endung *-é*:

parl-er *achet-er* *pay-er*
parl-é *achet-é* *pay-é*.

Im *passé composé* werden einmalige Vorgänge wiedergegeben, die bereits geschehen und die beendet sind.

Merke: faire – j'ai **fait** [fɛ]
dire – j'ai **dit** [di].

Beachte die Stellung der Satzglieder:

1. –	Vous	**avez**		**tapé**	mes lettres?	
– Oui,	j'	**ai**		**tapé**	les trois lettres.	
Et puis,	j'	**ai**		**téléphoné**		à M. Pasquier.
	Nous	**avons**		**parlé**		du crédit.
	S	**P** form	+	**Part** passé	**O** dir	**O** ind / **E** präp

1. Die Satzergänzungen stehen **nach** dem *participe passé.*

2. –	Vous		**avez**		payé	les timbres et les journaux?	
	– J'		**ai**		payé	les timbres,	
mais	je	**n'**	**ai**	**pas**	payé	les journaux.	
–	Vous		**avez**		porté	le courrier	dans mon bureau?
– Non.	On	**n'**	**a**	**pas encore**	apporté	le courrier du matin.	
	S	**ne**	**P** form	**pas**	**Part** passé	**O** dir	**O** ind / **E** präp

2. Die Verneinungsformel *ne ... pas* umschließt die Personalform von *avoir*. (Vgl. § 25.)

Vergleiche mit dem Deutschen:

Französisch:	J'ai	**tapé**	les lettres.		Je	**n'ai**	**pas signé**	les lettres.	
Deutsch:	Ich **habe**		die Briefe	**getippt.**	Ich	**habe**		die Briefe	**nicht unterschrieben.**

C Die indirekte Rede – Le discours indirect

§ 37

1. Véronique	dit:		«J'	ai	écrit	à M. Dupont.»
Elle	dit	**qu'**	**elle**	**a**	**écrit**	à M. Dupont.
Elle	dit:		«M. Roche	a	téléphoné.»	
Elle	dit	**que**	**M. Roche**	**a**	**téléphoné.**	
S	**V**	**que**	**S**	**V**		**Satzergänzungen**
2. Véronique	dit	**où**	**elle**	**a**	**porté**	le courrier.
Elle	dit	**à qui**	**elle**	**a**	**écrit.**	
Elle	dit	**pourquoi**	**M. Roche**	**a**	**téléphoné.**	
S	**V**	**Konjunkt.**	**S**	**V**		**Satzergänzungen**

1. Eine indirekte Aussage wird mit *que* (= daß) eingeleitet.

2. Anstelle von *que* kann auch ein Fragewort stehen und die Funktion einer Konjunktion übernehmen.

Die Glieder des abhängigen Satzes stehen in der normalen Reihenfolge: Konjunktion + S + V + Satzergänzungen.

Die indirekte Frage – L'interrogation indirecte

§ 38

1. Pascal dit à Gisèle:			«Tu	as	des timbres?»
Il demande à sa sœur	**si**		**elle**	**a**	des timbres.
Gisèle dit à Pascal:			«Tu	as	des tickets de métro?»
Elle demande à son frère	**s'**		**il**	**a**	des tickets de métro.
	si		**S**	**V**	**Satzergänzungen**
2. Philippe dit à Nicole:	**«Où**	est-ce que	tu	vas?»	
Il demande à sa sœur	**où**		**elle**	**va.**	
Thierry dit à Nicole:	**«Avec qui**	est-ce que	tu	as	rendez-vous?»
Il demande à sa sœur	**avec qui**		**elle**	**a**	rendez-vous.
Monique dit à Nicole:	**«Pourquoi**	est-ce que	tu	vas	là-bas?»
Elle demande à son amie	**pourquoi**		**elle**	**va**	là-bas.
Mme Dubois dit à Nicole:	**«A quelle heure**	est-ce que	tu	reviens?»	
Elle veut savoir	**à quelle heure**		**elle**	revient.	
	Fragewort		**S**	**V**	**Satzergänzungen**

1. Die indirekte **Gesamtfrage** wird mit der Konjunktion *si* (= ob) eingeleitet. Vor *il/ils* wird *si* zu *s'*.
2. Indirekte **Teilfragen** werden mit dem entsprechenden Fragewort eingeleitet.

Stammbetont	Endungsbetont	Ebenso:
	venir	tenir
je **viens** [vjɛ̃]		
tu viens		
il vient		
	nous **ven**ons [vən-]	
	vous venez	
ils **vienn**ent [vjɛn]		

Stammbetont	Endungsbetont
voir	
je **vois**	
tu vois	
il voit	
	nous **voy**ons [vwajɔ̃]
	vous voyez
ils **voi**ent	

Beachte:

aller voir bedeutet: 'gehen und nachsehen'.

– Tu sais où est ma montre?
– Attends. Je vais voir si elle est dans la salle de bains.

D Die Bildung des 'participe passé' – La formation du participe passé § 40

1. manger	acheter	appeler	payer	2. répondre	Ebenso:
j'ai mang**é** [mɑ̃ʒe]	j'ai achet**é** [aʃte]	j'ai appel**é** [aple]	j'ai pay**é** [peje]	j'ai répond**u** [repɔ̃dy]	j'ai attendu, perdu, vendu, rendu

1. Verben auf *-er*: Stamm des Infinitivs + Endung *-é*. (Vgl. § 36.)
   Zur Aussprache und Schreibweise des E-Lautes in *acheter*, *appeler* und des *-y-* in *payer* siehe auch § 26.
2. Verben auf *-re* (Gruppe *répondre*, *attendre*): Stamm des Infinitivs + Endung *-u*.

Sonderformen:

faire	prendre	avoir	lire	boire	ouvrir
j'ai **fait** [fɛ]	j'ai **pris** [pri]	j'ai **eu** [y]	j'ai **lu**	j'ai **bu**	j'ai **ouvert** [uvɛr]
dire	mettre	être	écrire	voir	offrir
j'ai **dit** [di]	j'ai **mis** [mi]	j'ai **été**	j'ai **écrit** [ekri]	j'ai **vu**	j'ai **offert** [ɔfɛr]

8

Das Adjektiv – L'adjectif qualificatif

A B

1. Femininum und Maskulinum – Le féminin et le masculin § 41

Das Adjektiv richtet sich nach dem **Genus** des Substantivs, das es näher bestimmt.

		geschrieben	gesprochen
1.	**une** voiture	française	[frɑ̃sɛz]
	un restaurant	français	[frɑ̃sɛ]
	une jupe	grise	[griz]
	un pantalon	gris	[gri]
	une robe	verte	[vɛrt]
	un anorak	vert	[vɛr]
	une chemise	blanche	[blɑ̃ʃ]
	un chemisier	blanc	[blɑ̃]

1. Eine Reihe von Adjektiven haben eine **hörbar** verschiedene Form für Femininum und Maskulinum:
   beim Femininum ist der Endkonsonant hörbar,
   beim Maskulinum ist er stumm.

   In der **Schrift** endet die weibliche Form dieser Adjektive auf *-e*.

   Ebenso: une petite maison [pətit]
   un petit jardin [pəti]
   une grande chambre [grɑ̃d]
   un grand lit [grɑ̃]
   le Grand‿Hôtel [grɑ̃totɛl]

		geschrieben	gesprochen
2.	**une** robe	bleue	[blø]
	un costume	bleu	
	une jupe	noire	[nwar]
	un tailleur	noir	

2. Bei einigen Adjektiven besteht kein **hörbarer** Unterschied zwischen Femininum und Maskulinum.

   In der **Schrift** wird die weibliche Form jedoch ebenfalls mit *-e* gekennzeichnet.

   Sonderform: une voiture chère [ʃɛr]
   un restaurant cher. [ʃɛr]

		geschrieben	gesprochen
3.	**une** fleur	jaune	[ʒon]
	un melon	jaune	
	une maison	moderne	[mɔdɛrn]
	un meuble	moderne	

3. Viele Adjektive haben nur eine einzige Form für Femininum und Maskulinum. Sie enden immer auf *-e*.

   Ebenso: rouge, confortable, aimable, triste, moderne.

Beachte:
Die meisten Adjektive stehen **nach** dem Substantiv, das sie näher bestimmen.

2. Singular und Plural – Le singulier et le pluriel

§ 42

	geschrieben	gesprochen
une chemise	blanche	[blɑ̃ʃ]
des chemises	blanches	
un costume	blanc	[blɑ̃]
des costumes	blancs	
une robe	bleue	[blø]
des robes	bleues	
un pantalon	bleu	
des pantalons	bleus	
une jupe	jaune	[ʒon]
des jupes	jaunes	
un tailleur	jaune	
des tailleurs	jaunes	

Das Adjektiv richtet sich nicht nur nach dem Genus, sondern auch nach dem **Numerus** des Substantivs, das es näher bestimmt.
Bei den meisten Adjektiven ist der Plural nicht hörbar.
In der Schrift wird er jedoch meist durch ein (stummes) *-s* gekennzeichnet.

Beachte:

Adjektive, die auf *-s* (oder *-x*) enden, erhalten im Plural des **Maskulinums** kein zusätzliches *-s* als Pluralmarkierung:

un pull-over	gris	un journal	français
des pull-overs	gris	des journ**aux**	français.

Aber:

une jupe	grise	une chanson	française
des jupes	grises	des chansons	françaises.

Beachte: Im Unterschied zum Deutschen richtet sich das Adjektiv nicht nur bei attributivem Gebrauch, sondern auch bei prädikativem Gebrauch (in Verbindung mit *être*) nach dem Substantiv, auf das es sich bezieht:

Gisèle porte une robe **blanche**.	Gisèle trägt ein **weißes** Kleid.
La robe de Gisèle est **blanche**.	Gisèles Kleid ist **weiß**.

Merke: Einige wenige Adjektive und wie Adjektive gebrauchte Substantive sind völlig unveränderlich. Sie haben nur eine Form für Maskulinum, Femininum, Singular und Plural:

la musique pop	un modèle sport	un porte-monnaie marron
des chansons pop	des chaussures sport	des chaussures marron.

Die direkten Objektpronomen 'le / la / les' im verneinten Satz

§ 43

Les pronoms objets directs *le / la / les* dans la phrase négative

– Tu prends **le manteau** de Monique? – Oui,	je		le	prends.	
– Tu as **la clé** de l'appartement? – Oui,	je		l'	ai.	
– Tu as **les clés** de la voiture? – Non,	je	**ne**	les	ai	**pas.**
– Tu n'oublies pas **les lettres**? – Non,	je	**ne**	les	oublie	**pas.**
	S	**ne**	**PO**	**V**	**pas**

Auch im verneinten Satz stehen die direkten Objektpronomen **vor** dem Verb (vgl. § 19).
Ne ... pas umschließt die Gruppe Pronomen + Verb.

Vergleiche:
– Qui a les clés?
– Moi, je **ne les** ai **pas.**
Ich habe **sie nicht.**

C 'beau' und 'bon' § 44

Einige Adjektive haben im Singular vor vokalisch anlautendem Substantiv eine besondere männliche Form.

	Singular	**Singular**	**Singular**
Vous avez	**une belle** maison,	Votre maison est **belle.**	**une bonne** nuit [bɔn]
	un bel appartement	Votre appartement est **beau.**	**un bon** électrophone [bɔ̃n]
et	**un beau** jardin.	Votre jardin est **beau.**	**un bon** livre [bɔ̃]
	Plural	**Plural**	**Plural**
A Paris, il y a	**des belles** places,	A Paris, les places sont **belles,**	**de bonnes** photos
	des belles églises,	les églises sont **belles,**	**de bonnes** élèves [bɔnzelɛv]
	des beaux magasins,	les magasins sont **beaux,**	**de bons** disques
et	**des beaux** hôtels.	les hôtels sont **beaux.**	**de bons** amis [bɔ̃zami]

Die Stellung der Adjektive – La place de l'adjectif qualificatif § 45

1. M. Leroc a une voiture **française**: une GS **bleue**. La GS est une voiture pas trop **chère,** et c'est une voiture **confortable**. Les Leroc sont une famille **moderne**. Ils aiment la musique **pop**.	2. Les Leroc ont un **bel** appartement, au **deuxième** étage d'une **grande** maison, dans une **petite** rue de Paris. Monique a une **jolie** chambre. Dans sa chambre, il y a de **beaux** meubles.

Die meisten Adjektive stehen **nach** dem Substantiv:
- Nationalitätsangaben und Farbadjektive,
- die mehrsilbigen und die unveränderlichen Adjektive.

Unterscheide:
Umgangssprache: Dis donc, tu as **des** beaux meubles.
Schriftsprache: Les Leroc ont **de** beaux meubles.

Vor dem Substantiv stehen in der Regel die kurzen Adjektive *grand*, *petit*, *beau*, *joli*, *bon* und *jeune* sowie die Ordnungszahlen.

Aber:
des jeunes gens — junge Leute, Jugendliche
des petits déjeuners — Frühstücke
(Adjektiv + Substantiv bilden einen festen Begriff.)

plaire § 46

Präsens	
Stammbetont	**Endungsbetont**
je **plais** [plɛ]	
tu plais	
il plaît	
	nous **plais**ons [plɛz-]
	vous plaisez
ils **plaisent** [plɛz]	
Passé composé:	j'ai **plu**

Beachte:
Vor der Endung *-t* der 3. Person Singular steht *-î*:
Ton sac me **plaît** beaucoup,
mais tes chaussures ne me plaisent pas.

Unterscheide:
Entrez, s'il **vous** plaît. ... bitte (wenn es **Ihnen** gefällt). / (wenn es **Euch** gefällt).
Marc, tu viens, s'il **te** plaît? ... bitte (wenn es **dir** gefällt)?

'quel' und die Demonstrativbegleiter – *quel* et le déterminant démonstratif

Singular		**Singular**			
On prend					
quelle table?	welchen Tisch?	**Cette** table-**là**		ou l'autre?	Diesen Tisch (hier) ...?
quelle‿armoire?		**Cette**‿armoire-**là**		ou l'autre?	
quel‿électrophone?		**Cet**‿électrophone-**là**		ou l'autre?	
quel téléviseur?		**Ce** téléviseur-**là**		ou l'autre?	
Plural		**Plural**			
On prend					
quelles chaises?	welche Stühle?	**Ces** chaises-**là**		ou les autres?	Diese Stühle (hier) ...?
quelles‿étagères?		**Ces**‿étagères-**là**		ou les autres?	
quels‿anoraks?		**Ces**‿anoraks-**là**		ou les autres?	
quels pull-overs?		**Ces** pull-overs-**là**		ou les autres?	

Das Fragewort *quel* und die Demonstrativbegleiter richten sich in Genus und Numerus nach dem Substantiv, das sie näher bestimmen. Beachte die Bindungen vor vokalisch anlautendem Substantiv.

Unterscheide: **Ces** chaussures sont très jolies.
Ses chaussures sont très jolies.

Beachte:

1. An das durch einen Demonstrativbegleiter näher bestimmte Substantiv wird in der gesprochenen Sprache oft *-là* angehängt zur Verstärkung des Demonstrativs:
   Regarde ces chaussures-**là**. Elles te plaisent?
   Die Partikel *-là* steht immer, wenn zwei Dinge zur Wahl stehen:
   Tu prends **ces** chaussures-**là** ou les autres?
   In Verbindung mit Personen hat sie eine verächtliche Nuance:
   Il n'a rien d'autre à faire, cet homme-**là**?
2. *Quelle/quel* kann auch prädikativ verwendet werden:
   Quelle est votre adresse?
   Auch dann richtet es sich nach dem Substantiv, auf das es sich bezieht.

Merke die Wendungen mit *quel*:

Quel est votre manteau?	Welcher Mantel gehört Ihnen?	**Quel est** votre nom?	Wie heißen Sie?
Quels sont les livres de Monique?	Welche Bücher gehören Monique?	**Quelle est** votre adresse?	Wie ist Ihre Anschrift?
De quelle couleur est votre maison?	Welche Farbe hat Ihr Haus?	**Quelle heure** est-il?	Wieviel Uhr ist es?
Quel est votre numéro de téléphone?	Welche Telefonnummer haben Sie?	**A quelle heure** est-ce que vous partez?	Um wieviel Uhr gehen Sie weg/fahren Sie?
		Quel temps!	Was für ein Wetter!
		Quelle question!	Was für eine Frage!

Die indirekten Objektpronomen 'lui' und 'leur' – Les pronoms objets indirects *lui* et *leur* § 48

Tu écris	à Monique? à Daniel?	– Non, je		lui	téléphone.	
Tu n'écris pas	à tes amis? à ton père et à ta mère?	– Non, je je	ne	leur leur	écris téléphone.	pas,

S	V	O ind

S	ne	PO ind	V	pas

Das indirekte Objektpronomen richtet sich nur im **Numerus** nach dem indirekten Objekt, auf das es verweist:
lui verweist auf **eine** (männliche oder weibliche) **Person**;
leur verweist auf **mehrere Personen**, gleichgültig welchen Geschlechts.

Lui und *leur* stehen vor der Personalform des Verbs.

Die Verneinung *ne ... pas* umschließt das Objektpronomen und die Personalform des Verbs.
Präsens: Tu **téléphones** à Pierre? – Non, je **ne** lui **téléphone pas.**
Passé composé: Tu **as écrit** à Claudine? – Non, je **ne** lui **ai pas écrit.** (Vgl. § 36.)

Vergleiche die indirekten Objektpronomen im Französischen, Deutschen und Englischen:

	Französisch	Deutsch	Englisch
Tu as écrit **à Monique**?	– Oui, je **lui** ai écrit.	Ich habe **ihr** geschrieben.	I've written **to her**.
Tu as écrit **à Philippe**?	– Oui, je **lui** ai écrit.	Ich habe **ihm** geschrieben.	I've written **to him**.
Tu as écrit **à tes amis**?	– Oui, je **leur** ai écrit.	Ich habe **ihnen** geschrieben.	I've written **to them**.

Unterscheide zwischen dem indirekten Objektpronomen *leur* und dem Possessivpronomen *leur/leurs*:
Monique et Daniel montrent des photos à **leurs amis**.
Ils **leur** montrent des photos de **leur** voyage.

Die Objektpronomen der 1. und 2. Person – Les pronoms-objets, 1ère et 2ème personne § 49

Indirektes Objekt

– Tu		me	donnes		cette photo-là?
– Non. Je		te	donne		l'autre.
– Tu	ne	m'	offres	pas	de coca?
– Non. Je		t'	offre		une bière. D'accord?
– Tu		nous	montres		tes disques?
– Oui. Je		vous	montre		mes disques
					et mes cassettes.

Direktes Objekt

– Tu		m'	appelles?		
– Oui. Je		t'	appelle		à 5 heures.
– Tu	ne	m'	accompagnes	pas	à la gare?
– Si. Je		t'	accompagne.		
– Tu		nous	attends		à quelle heure?
– Je		vous	attends		à 6 heures.
					D'accord?

Me/te/nous/vous können als indirekte und als direkte Objektpronomen gebraucht werden.
Vor vokalisch anlautendem Verb wird *me* zu *m'* und *te* zu *t'*. *Nous* und *vous* werden in der Aussprache gebunden.
Vgl. die direkten Objektpronomen *le/la/les*, § 19 und § 43.

Verneinungsadverbien – Adverbes de négation

§ 50

– On		fait		les exercices de français?
– **Non.** Je	**n'**	ai	**pas**	mon cahier.
– Gisèle		est	**déjà**	là?
– **Non**, elle	**n'**	est	**pas encore**	là.
– Tu		veux	**encore**	des fruits?
– **Non**, merci. Je	**n'**	ai	**plus**	faim.
– Ton frère		fume	**toujours?**	
– **Non**, il	**ne**	fume	**plus.**	
– Tu		as	**quelque chose**	à boire?
– **Non**, je	**n'**	ai	**rien.**	

– Tu		as		fait	les exercices de maths?
– **Non.** Pascal	**n'**	a	**pas**	apporté	son cahier de maths.
– Eric		a		téléphoné?	
– **Non**, il	**n'**	a	**pas encore**	téléphoné.	
– Tu		as		mangé	**quelque chose?**
– **Non**, je	**n'**	ai	**rien**	mangé.	
Je	**n'**	ai	**pas**	eu	le temps.

1. Die Verneinungsadverbien heißen:
   - *ne … pas* nicht
   - (*déjà* schon) – *ne … pas encore* noch nicht
   - (*encore* noch), (*toujours* immer noch) – *ne … plus* nicht mehr
   - (*quelque chose* etwas) – *ne … rien* nichts
2. Sie umschließen die Personalform des Verbs, im *passé composé* also die Form von *avoir*. (Vgl. § 25 und § 36.)

Beachte die Kurzantworten: Eric a téléphoné? – Non, **pas encore**.
Qu'est-ce que tu as mangé? – **Rien**.

9

B **Die Grundzahlen ab 69** – Les nombres à partir de 69

§ 51

69 soixante-neuf			
70 soixante-dix	80 quatre-vingts [katrəvɛ̃]	90 quatre-vingt-dix	100 cent
71 soixante **et** onze	81 quatre-vingt-un [katrəvɛ̃œ̃]	91 quatre-vingt-onze	101 cent un
72 soixante-douze	82 quatre-vingt-deux	92 quatre-vingt-douze	200 deux cents
73 soixante-treize	83 quatre-vingt-trois	93 quatre-vingt-treize	203 deux cent trois
74 soixante-quatorze	84 quatre-vingt-quatre	94 quatre-vingt-quatorze	1.000 mille
75 soixante-quinze	85 quatre-vingt-cinq	95 quatre-vingt-quinze	1.001 mille un
76 soixante-seize	86 quatre-vingt-six	96 quatre-vingt-seize	3.698 trois mille six cent quatre-vingt-dix-huit
77 soixante-dix-sept	87 quatre-vingt-sept	97 quatre-vingt-dix-sept	
78 soixante-dix-huit	88 quatre-vingt-huit	98 quatre-vingt-dix-huit	1.000.000 un million
79 soixante-dix-neuf	89 quatre-vingt-neuf	99 quatre-vingt-dix-neuf	2.000.000 deux millions

Vergleiche:

1. soixante-dix, soixante **et** onze, soixante-douze, soixante-treize *etc.*
2. vingt, vingt **et** un, vingt-deux, vingt-trois *etc.* — quatre-vingts, quatre-vingt-un, quatre-vingt-deux, quatre-vingt-trois *etc.*
3. cent, deux cents, deux cent un, deux cent deux *etc.*
4. mille, deux mille, deux mille trois (*mille* hat nie ein *-s*).

Beachte:

1. *Quatre-vingts* und die vollen Hunderter *(deux cent*s, *trois cent*s*)* bekommen ein *-s*, wenn kein weiteres Zahlwort folgt.
   Aber: *Ouvrez vos livres, page quatre-***vingt**.

2. Für die Zahlen zwischen 1100 und 1600 werden folgende Formen bevorzugt:
   Umgangssprache: *onze cent(s), douze cent(s), treize cent(s)*, etc.
   Schriftsprache: *mille cent, mille deux cent(s), mille trois cent(s)*, etc.
   Für die Zahlen 1700 bis 1900 werden auch in der Umgangssprache beide Formen verwendet:
   dix-sept cent(s) oder *mille sept cent(s)* etc.

3. *Mille* ist unveränderlich: *deux mille, trois mille.*

4. *Un million* ist ein Substantiv. Daher: *un million* **de** *touristes.*
   deux millions **de** *touristes.*
   Vergleiche: *beaucoup* **de** *touristes.*

Die Grundzahlen von 0 bis 69 s. §§ 12 und 20.

Der Relativsatz mit 'qui' und 'que' – La proposition relative avec *qui* et *que* § 52

1. A Paris, il y a une haute tour.	Cette tour	porte	le nom d'un ingénieur français.
A Paris, il y a une haute tour	**qui**	porte	le nom d'un ingénieur français.
Il y a aussi un grand jardin.	Ce jardin	se trouve	au cœur de la ville.
Il y a aussi un grand jardin	**qui**	se trouve	au cœur de la ville.
Et puis, il y a les Champs-Elysées.	Ils	partent	de la place Charles-de-Gaulle.
Et puis, il y a les Champs-Elysées,	**qui**	partent	de la place Charles-de-Gaulle.
	qui = S	**V**	**Satzergänzungen**

2. Regarde cette photo.		Je	veux donner	**cette photo**	à Martine.
Regarde la photo,	**que**	**je**	veux donner		à Martine.
Tu as vu ce livre?		Jean	veut offrir	**ce livre**	à sa sœur.
Tu as vu le livre	**que**	**Jean**	veut offrir		à sa sœur.
Regarde ces disques.		Je	veux offrir	**ces disques**	à Frédéric.
Regarde les disques	**que**	**je**	veux offrir		à Frédéric.
		S	**V**	**O** dir	**O** ind / **E** präp
	que	**S**	**V**		**O** ind / **E** präp

Der Relativsatz erweitert eine Nominalgruppe.
Die Relativpronomen *qui* und *que* beziehen sich auf männliche und weibliche Substantive im Singular und Plural.

1. *Qui* ist **Subjekt** des Relativsatzes.
2. *Que* ist **direktes Objekt** des Relativsatzes. Vor vokalisch anlautendem Subjekt wird *que* zu *qu'*.

C Der indefinite Begleiter 'tout' – Le déterminant indéfini *tout*

	Femininum					**Maskulinum**		
– Vous avez fait		**la**	vaisselle?	– Papa a lu			**le**	courrier?
– Oui, on a fait	**toute**	**la**	vaisselle.	– Oui, il a lu		**tout**	**le**	courrier. Pourquoi?
	das ganze		Geschirr			die ganze		Post
– Vous avez fait		**les**	chambres?	– Tu me donnes			**ces**	timbres-là?
– Oui, on a fait	**toutes**	**les**	chambres.	– Oui. Prends		**tous**	**ces**	timbres.
	alle		Zimmer			alle	diese	Briefmarken
– Il a répondu	à	**tes**	lettres?	– Tu as écrit			**aux**	professeurs?
– Oui. Il a répondu	à **toutes**	**mes**	lettres.		– A	**tous**	**les**	professeurs? Ah non!
	alle	meine	Briefe			Allen		Lehrern?
	[tut]					[tu]		

Der indefinite Begleiter *tout* richtet sich in Genus und Numerus nach dem Substantiv, das er begleitet.
Tout steht vor dem Substantiv **und** seinem weiteren Begleitwort, also auch vor dem bestimmten Artikel:
Tu veux écouter **tous les** disques / **tous mes** disques / **tous ces** disques-là?

Wenn *tout* zwischen die Präpositionen *de* oder *à* und den bestimmten Artikel tritt, findet die Verschmelzung zu *du/des* und zu *au/aux* nicht statt:

On a	des photos	**du**			voyage,	On a parlé	**aux**		jeunes,
	des photos	**de**	tout	**le**	voyage.		**à** tous	**les**	jeunes de l'auberge.
Voilà	les prix	**des**			chambres,	On a répondu	**au**		courrier,
	les prix	**de**	toutes	**les**	chambres.		**à** tout	**le**	courrier.

Vergleiche:

Französisch:	Nous	avons été	dans		**toutes**	**les**	églises	et	dans		**tous** **les**	musées.
Deutsch:	Wir	sind	in		**alle**		Kirchen	und	in		**alle**	Museen gegangen.
Französisch:	Nous	avons visité			**toute**	**la**	ville	et			**tout** **le**	musée du Louvre.
Deutsch:	Wir	haben		**die**	**ganze**		Stadt	und		**das**	**ganze**	Louvremuseum besichtigt.

Unterscheide:
1. Partons. On a **tout** vu. Wir haben **alles** gesehen.
   Tout = 'alles' ist ein indefinites Pronomen. Es ist unveränderlich.
2. La gare est **tout** près d'ici. Der Bahnhof ist **ganz** in der Nähe.
   Tout = 'ganz' ist ein Adverb.

Merke:
Tout le monde est fatigué. Alle …
Tout à coup Luc dit: «On rentre?» Plötzlich …
Quand ça? **Tout de suite**? Sofort?

vieux § 54

Ils voient			Sur la place, tout est		vieux:
une	**vieille**	place	**la place**	est	**vieille,**
avec **une**	**vieille**	église,	**l'église**	est	**vieille,**
un	**vieil**	**hôtel,**	**l'hôtel**	est	**vieux,**
un	**vieux**	monument,	**le monument**	est	**vieux,**
de	**vieilles**	maisons,	**les maisons**	sont	**vieilles,**
de	**vieux**	**escaliers,**	**les escaliers**	sont	**vieux,**
de	**vieux**	magasins.	**les magasins**	sont	**vieux.**

Das Adjektiv *vieux* hat drei Singularformen:

- eine weibliche Form *vieille,*
- eine männliche Form *vieil,* die vor vokalisch anlautendem Substantiv gebraucht wird,
- eine männliche Form *vieux,* die vor konsonantisch anlautenden Substantiven und in Verbindung mit *est* steht.

(Vgl. das Adjektiv *beau*, § 44, sowie §§ 41 und 42.)

Das Pronominaladverb 'y' – L'adverbe pronominal *y* § 55

Vous allez	**aux**	Tuileries?	– Oui,	nous		y	allons.		
Vous entrez	**dans**	le musée du Louvre?	– Non,	on	**n'**	y	entre	**pas**	aujourd'hui.
Jean est	**sur**	les grands boulevards?	– Oui,	il		y	est		avec Simone.
	E präp (Ortsangabe)			**S**	**ne**	y	**V**	**pas**	

Das Pronominaladverb *y* verweist auf präpositionale Ergänzungen. Es verweist auf Ortsbestimmungen mit *à*, *sur* und *dans*. Im Satz nimmt es die gleiche Stelle ein wie die Objektpronomen. *Ne ... pas* umschließt *y* und die Personalform des Verbs.

Unterscheide:

– Vous		allez	**à Paris?**	– Vous		écrivez	**à vos amis?**
– Oui, j'	y	vais.		– Oui, on	**leur**	écrit.	
– Vous		habitez	**à l'auberge de jeunesse?**	– Tu		téléphones	**à Martine?**
– Oui, on	y	habite.		– Oui, je	**lui**	téléphone.	
	y	⟶	E präp		**PO** ind	⟶	**O** ind

Das Pronominaladverb *y* steht **nicht** für Personen;
y kann also nicht auf das indirekte Objekt verweisen. (Vgl. die indirekten Objektpronomen, § 48.)

Die verneinte Frage – L'interrogation à la forme négative § 56

Vous	**n'**	allez	**pas**	au Louvre?		**– Non.**	Nous	**n'**	y allons	**pas.**	
Vous	**ne**	sortez	**pas**	aujourd'hui?		**– Si.**	Nous		sortons		après le petit déjeuner.
S	**ne**	**V**	**pas**	**Satzergänzungen**	**?**						

Eine verneinte Frage wird **bestätigend** mit *non* und **verneintem** Verb, **widersprechend** mit *si* und **bejahtem** Verb beantwortet.

D Das 'passé composé' mit 'être' – Le passé composé avec *être*

Maskulinum					Femininum				
Luc		**est**	allé	à la tour Eiffel.	**Simone**		**est**	allée	à Montmartre.
Il		**est**	parti	à 8 heures.	**Elle**		**est**	partie	à 9 heures.
– Luc, { **tu**		**es**	sorti	avec Simone?	Simone, { **tu**		**es**	sortie	avec Jean?
vous		**êtes**	sorti	avec Simone?	**vous**		**êtes**	sortie	avec Jean?
– Non, **je**	**ne**	**suis pas**	sorti	avec elle,	– Non, **je**	**ne**	**suis pas**	sortie	avec lui,
je		**suis**	sorti	avec Barbara.	**je**		**suis**	sortie	avec Sabine.
Barbara et Luc		**sont**	rentrés	à 7 heures.	**Sabine et Simone**		**sont**	rentrées	tard.
Ils		**sont**	revenus	de leur promenade.	**Elles**		**sont**	revenues	à 8 heures.
– **Vous**		**êtes**	allés	à Montmartre?	– **Vous**		**êtes**	allées	à Versailles?
– Non, **nous**	**ne**	**sommes pas**	allés	à Montmartre,	– Non, **nous**	**ne**	**sommes pas**	allées	à Versailles,
on		**est**	allés	à la tour Eiffel.	**on**		**est**	allées	à Montmartre.

Einige Verben bilden das *passé composé* mit *être*.

1. Nach *être* richtet sich das *participe passé* (wie ein Adjektiv) in Genus und Numerus nach dem **Subjekt**.
   Beachte die Endungen: weibliches Bezugswort Singular: *-e*, Plural: *-es*;
   männliches Bezugswort Plural: *-s*.
2. Besteht das Subjekt aus männlichen und weiblichen Personen, bekommt das *participe passé* die männliche Pluralform.
   Nach *on* bekommt das *participe passé* in der Regel die Form der Personen, die *on* vertritt.
3. Die Verneinungsformel *ne … pas* umschließt die Personalform von *être*.
   Die Satzergänzungen stehen **nach** dem *participe passé*. (Vgl. das *passé composé* mit *avoir*, §§ 36 und 40.)

Merke die Verben, die mit *être* verbunden werden:

aller	⟶	**venir**	**arriver**	⟶	**partir**	**monter**	⟶	**descendre**
il est allé elle est allée		il est venu elle est venue	il est arrivé elle est arrivée		il est parti elle est partie	il est monté elle est montée		il est descendu elle est descendue
entrer	⟶	**sortir**	**sortir**	⟶	**rentrer**	**retourner**	⟶	**rester**
il est entré elle est entrée		il est sorti elle est sortie	il est sorti elle est sortie		il est rentré elle est rentrée	il est retourné elle est retournée		il est resté elle est restée

Aber: il **a** marché; il **a** été.

Die betonten, unverbundenen Personalpronomen – Les pronoms personnels toniques ou disjoints § 58

Formen		1.		2.		
Singular	**Plural**					
moi	nous	– **Moi, je**	ne vais pas au Louvre.	Qui est là?	C'est **moi.**	Ich.
toi	vous	Et **vous, vous**	voulez y aller?	Vous parlez	**de moi?**	... von mir?
lui	**eux**	– Oui, **nous, on**	y va. Et les autres?	Tiens. Ce plan est	**à moi.**	... gehört mir.
elle	elles	– **Eux** (, ils)	veulent aller	Vous sortez	**avec moi?**	... mit mir?
			à Versailles. – Et Luc?	N'allez pas		
		– **Lui** (, il)	veut sortir avec Barbara.	au Louvre	**sans moi.**	... ohne mich.

1. Die Pronomen *moi/toi/lui* etc. heißen **betonte** Personalpronomen *(pronoms personnels toniques)*.
   Stehen sie mit den unbetonten Personalpronomen *je/tu/il*,
   so heben sie diese Personen gegen andere besonders hervor.
2. Sie heißen auch **unverbundene** Pronomen *(pronoms personnels disjoints)*,
   weil sie im Gegensatz zu den verbundenen Pronomen *je/tu/il* ohne Verb stehen können.
   Sie stehen immer nach Präpositionen.
   Sie haben als Subjekt und als Objekt die gleiche Form.

Beachte:
Nach betontem *lui, elle, eux, elles* können die verbundenen Pronomen *il, elle, ils, elles* entfallen.

10

A Der Teilungsartikel und der unbestimmte Artikel – L'article partitif et l'article indéfini § 59

Es gibt **zählbare** Dinge, z. B. *les pommes, les livres, les voitures, les amis,*
und Dinge, die **nicht zählbar** sind, z. B. *le sel, l'eau* (Stoffe) und *la patience, la chance* (Abstrakta).

1. Nicole attend des amis.			2. Comme boissons, elle veut				
Elle a préparé	**une** cassette	eine Cassette	leur offrir	**de la**	limonade,	... Limonade
et	**des** disques.	Schallplatten		**de l'**	eau minérale	... Mineralwasser
Elle a fait	**des** sandwichs.	belegte Brote	et	**du**	thé au citron	... Tee mit Zitrone

1. Der **unbestimmte Artikel** begleitet Substantive,
   die **zählbare Dinge** bezeichnen.
   Er bezeichnet im Plural eine **unbestimmte Anzahl** von Dingen.

2. Der **Teilungsartikel** (Partitiv) begleitet Substantive,
   die **nicht zählbare Dinge** bezeichnen.
   Er bezeichnet eine **unbestimmte Menge** des jeweiligen Stoffes.

Vergleiche:
1. Der unbestimmte Artikel Plural und der Teilungsartikel sind nach dem gleichen Prinzip gebildet:
   de + bestimmter Artikel. – Im Deutschen steht in beiden Fällen das Substantiv ohne Artikel (Nullartikel).

2. Auch bei **Mengenangaben** verhalten sich der unbestimmte Artikel und der Teilungsartikel gleich:

	Unbestimmte Anzahl		**Bestimmte Mengen / Nullmenge**	**Zählbare Dinge**
– Pascal, tu as	**des** cigarettes?	– Oui, j' ai	**un paquet de** cigarettes.	Substantiv im **Plural**.
– Tu as aussi	**des** allumettes?	– Oui, j' ai	**une boîte d'** allumettes.	
		Mais il **n'** y a	**plus d'** allumettes dedans.	
	Unbestimmte Menge			**Nicht zählbare Dinge**
– Tu veux	**du** café?	– Oui, donne-moi	**une tasse de** café.	Substantiv im **Singular**.
– Tu prends	**du** sucre?	– Oui, je prends	**un morceau de** sucre.	
– Tu prends aussi	**du** lait?	– Non, je **ne** prends	**pas de** lait.	
– Tu as	**de l'**argent?	– Non, je **n'** ai	**pas d'** argent sur moi.	

Zur Angabe einer **unbestimmten Anzahl oder Menge** steht *de* + Substantiv **mit** bestimmtem Artikel, also *des ... / de la ... / de l' ... / du ....*

Nach Angaben, die die **Menge näher bestimmen,** steht *de* + Substantiv **ohne** Artikel (partitives *de*).

Zur Angabe einer Nullmenge steht *ne ... pas de / ne ... plus de* + Substantiv **ohne** Artikel (Vgl. § 29, 2).

Beachte:

Ce **n'est pas du** lait, c' est **de la** crème.	Ce **n'est pas de l'**orangeade, c' est **du** jus d'orange.

Bei *ce n'est pas / ce ne sont pas* steht der unbestimmte Artikel bzw. der Teilungsartikel. (Also nicht *de*!). Vgl. § 29.

Der unbestimmte Artikel, der Teilungsartikel und der bestimmte Artikel — § 60

Les articles indéfini, partitif et défini.

Das französische Substantiv hat in der Regel ein Begleitwort bei sich, meist einen Artikel.

1. – Qu'est-ce que vous avez fait chez Philippe? – On a regardé **des** photos, on a écouté **de la** musique, on a mangé **des** sandwichs et bu **de l'**orangeade.	1. Der **unbestimmte Artikel** und der **Teilungsartikel** führen Substantive ins Gespräch ein. Sie stehen bei Substantiven, die noch nicht erwähnte oder nicht näher bestimmte Dinge bezeichnen.
2. Nicole apporte **un** électrophone et **des** disques. Elle pose **l'**électrophone sur son lit. Puis elle montre **les** disques à ses amis. – Il y a **de la** limonade? – Bien sûr. Philippe, tu apportes **la** limonade? Pascal regarde **les** livres **de Nicole.** Il regarde **les** photos **qui sont sur la table.**	2. Der **bestimmte Artikel** steht bei Substantiven, die ganz bestimmte Dinge bezeichnen. Es sind dies Dinge, von denen schon die Rede war und Dinge, die durch Zusätze näher bestimmt sind.
3. **Le** thé au citron, c'est très bon, je trouve. Je n'aime pas tellement **le** café / **les** pêches. J'aime mieux **le** thé / **les** abricots.	3. Abweichend vom Deutschen steht der **bestimmte Artikel,** wenn die gesamte Gattung oder Stoffart gemeint ist. Dies ist immer der Fall nach *aimer*.

Beachte: Nach der Präposition *sans* entfällt der Artikel: *Je bois mon thé* **avec du lait,** *mais* **sans sucre.**

Das Pronominaladverb 'en' – L'adverbe pronominal *en*

Das Pronominaladverb *en* verweist auf Ergänzungen mit *de*.

1. Es bezeichnet ursprünglich die **Herkunft** und bedeutet 'von dort / von diesem Ort':
   Mon ami n'est plus à **Londres.** Il **en** est rentré hier soir.
   = Il est rentré **de là-bas** hier soir.
2. *En* verweist auch auf **Mengen.** Es bedeutet dann 'davon':
   On m'a offert **trois disques.** J'**en** ai déjà écouté deux.
   = J' ai déjà écouté deux **de ces disques.**

Im Deutschen wird es oft anders oder überhaupt nicht wiedergegeben.

Vergleiche:

				Dinge/Stoffe in unbestimmter Menge							**Bestimmte Gegenstände**
– Tu			as		**des oignons?**		– Tu			coupes		**les oignons?**
– Oui, j'		**en**	ai.			… welche.	– Oui, je		**les**	coupe.		
– Tu			as		**du thon?**		– Tu			ouvres		**la boîte de thon?**
– Oui, j'		**en**	ai.			… welchen.	– Oui, je		**l'**	ouvre.		
– Tu			as		**de la moutarde?**		– Tu			as		**le sel?**
– Mince! Je	**n'**	**en**	ai	**plus.**		… keinen mehr.	– Non, je	**ne**	**l'**	ai	**pas.**	

Ist das direkte Objekt ein Substantiv mit **unbestimmtem Artikel Plural** oder mit **Teilungsartikel** (also eine Mengenangabe), so wird im Folgesatz mit *en* darauf verwiesen.
Ne … pas umschließt *en* + Verb. (Vgl. § 55.)

Ist das direkte Objekt ein Substantiv mit **bestimmtem Artikel,** so wird im Folgesatz mit den direkten Objektpronomen *les/la/le/l'* darauf verwiesen. (Vgl. § 19 und § 43.)

Beachte und vergleiche mit dem Deutschen:

1.	– Tu		as	**un** saladier?	
	– Oui, j'	**en**	ai	**un.**	Ich habe **eine.**
	– Tu		as	**une** cuillère?	
	– Bien sûr, j'	**en**	ai	**une.**	… habe ich **einen.**
2.	– Il		faut	**des oignons?**	
	– Oui, il	**en**	faut.		…, man braucht **welche.**
	– Il	**en**	faut	**beaucoup?**	Braucht man **viele?**
	– Non, il	**en**	faut	**deux.**	…, man braucht **zwei.**

1. Ist das direkte Objekt ein Substantiv mit **unbestimmtem Artikel Singular** (= Zahlwort *un/une*), so wird mit *en* darauf verwiesen und *un/une* nach dem Verb wieder aufgenommen.
2. Ist das direkte Objekt ein Substantiv mit **unbestimmtem Artikel Plural,** so wird bei ungenauer Antwort nur mit *en* darauf verwiesen. Bei genauer Antwort wird ein Zahlwort oder ein Mengenwort hinzugefügt.

3. – On			prend	**beaucoup** de vinaigre?		3. Ist das direkte Objekt ein **Mengenwort** mit *de* + Substantiv, so verweist *en* auf *de* + Substantiv. Das Mengenwort wird wieder aufgenommen oder durch eine andere Mengenangabe ersetzt.
– Non, on	**n'**	**en**	prend	pas **beaucoup.**	Man nimmt nicht **viel.**	
– Tu			prends	**combien** d'olives?		
– J'		**en**	prends	**100 grammes.**	Ich nehme **100 Gramm.**	
– Il			faut	**beaucoup** d'œufs?		
– Il		**en**	faut	**six.**	Man braucht **sechs.**	
4. – Tu			as	**des disques?**		4. In einer Folge von Sätzen, die sich alle auf den gleichen Gegenstand beziehen *(des disques)*, wird in jedem Folgesatz mit *en* auf diesen Gegenstand verwiesen.
– Oui, j'		**en**	ai.		Ich habe **welche.**	
– Tu		**en**	as	**combien?**	**Wieviele** hast du?	
– J'		**en**	ai	**25.**	Ich habe **25.**	

Merke:

In Verbindung mit *il y a* steht *y* vor *en*: – Est-ce qu'il **y** **a** du pain?
– Oui, il **y en a.**

B Die Frage nach dem Subjekt und nach dem direkten Objekt § 62

1. **Qui**			regarde	la télévision?	1. **Qui** fragt nach **Personen.**
Qui est-ce	**qui**		veut faire	une surprise-partie?	*Qui est-ce qui* fragt nach der Person, die **Subjekt** des Satzes ist.
Qui est-ce	**qui**		téléphone	à tante Suzanne?	
Qui est-ce	**qui**		a eu	l'idée de téléphoner?	
S			**V**	**Satzergänzungen**	
Qui est-ce	**qu'**	**ils**	invitent?		*Qui est-ce que* fragt nach der Person, die **direktes Objekt** des Satzes ist.
Qui est-ce	**que**	**Mireille**	attend	pour faire les sandwichs?	
Qui est-ce	**qu'**	**elle**	embrasse	à la porte d'entrée?	
O dir		**S**	**V**	**Satzergänzungen**	

Beachte:

1. Einfaches *qui* = 'wer' (statt *qui est-ce qui*) kann immer stehen: **Qui est-ce qui** a téléphoné?
Qui a téléphoné?

2. Einfaches *qui* = 'wen' (statt *qui est-ce que*) steht nur in der Intonationsfrage: **Qui est-ce que** tu attends?
Tu attends **qui**?

3. Einfaches *qui* steht auch in der indirekten Frage:

Qui est-ce qui	a téléphoné?	**Qui est-ce que**	tu attends?
Dis-moi **qui**	a téléphoné. … wer …	Dis-moi **qui**	tu attends. … wen …

2. **Que** prépare Mireille?				
Qu'est-ce	**qui**		commence	à 8 heures et quart?
Qu'est-ce	**qui**		plaît	aux invités?
Qu'est-ce	**qui**		se passe	à 10 heures et demie?
S			**V**	**E** präp / **O** ind
Qu'est-ce	**que**	**les jeunes**	fêtent?	
Qu'est-ce	**qu'**	**ils**	font?	
Qu'est-ce	**qu'**	**ils**	disent	à Christian?
O dir		**S**	**V**	**E** präp / **O** ind

2. **Que** fragt nach **Sachen.**

Qu'est-ce qui fragt nach der Sache, die **Subjekt** des Satzes ist.

Qu'est-ce que fragt nach der Sache, die **direktes Objekt** des Satzes ist.

Zur Verwendung von *que* und *qu'est-ce que* vgl. § 10.

Beachte:
Quoi ist die betonte Form von *que*. Es steht allein oder in Verbindung mit Präpositionen:
Il vous faut une carte d'invitation ou **quoi**? **De quoi** est-ce que vous parlez?

Unterscheide:

Fragewort		**Relativpronomen**
Qui (Person)	est-ce	**qui** (Subjekt)
Que (Sache)	est-ce	**que** (direktes Objekt)

pouvoir § 63

Präsens	
Stammbetont	**Endungsbetont**
je **peux** [pø]	
tu peux	
il peut	
	nous **pouvons** [puv-]
	vous pouvez
ils **peuvent** [pœv]	
Passé composé:	j'ai **pu**

Unterscheide:

Je ne **peux** pas taper cette lettre: ich kann (jetzt) ... nicht tippen.
Je ne **sais** pas taper à la machine: ich kann (überhaupt) nicht tippen (ich habe es nicht gelernt).

Pouvoir = können, wenn man die Möglichkeit, Gelegenheit oder Zeit dazu hat.
Savoir = können, weil man die Fähigkeit dazu hat;
= wissen, wie man etwas macht.

Merke:
Die Verben auf *-oir* bilden das *passé composé* auf *-u*:
savoir – j'ai **su** (vgl. § 33); *vouloir – j'ai* **voulu** (vgl. § 21).

			Bejahte Form			**Verneinte Form**					
On fait	**la**	salade?	– Oui,	faisons-	**la.**	– Non,	**ne**	**la**	faisons	**pas** encore.
J'apporte	**l'**	huile?	– Oui,	apporte-	**la.**	– Non,	**ne**	**l'**	apporte	**pas** encore.
Je sors	**le**	saladier?	– Oui,	sors-	**le.**	– Non,	**ne**	**le**	sors	**pas** encore.
Je coupe	**l'**	œuf?	– Oui,	coupe-	**le.**	– Non,	**ne**	**le**	coupe	**pas** encore.
On ouvre	**les**	bouteilles?	– Oui,	ouvrez-	**les.**	– Non,	ne	**les**	ouvrez	**pas** encore.
On téléphone	**à tous les copains?**		– Oui,	téléphonons-	**leur.**	– Non,	**ne**	**leur**	téléphonons	**pas.**
Je téléphone	**à Arlette?**		– Oui,	téléphone-	**lui.**	– Non,	**ne**	**lui**	téléphone	**pas.**
Je vais	**à la cave?**		– Oui,	vas-	**y.**	– Non,	**n'**	**y**	va	**pas.**
On va	**au marché?**		– Oui,	allons-	**y.**	– Non,	**n'**	**y**	allons	**pas** encore.
On achète	**des tomates?**		– Oui,	achetez-	**en.**	– Non,	**n'**	**en**	achetez	**pas.**
J'achète	**du** pain?		– Oui,	achètes-	**en.**	– Non,	**n'**	**en**	achète	**pas.**

Beim **bejahten** Imperativ stehen die Objektpronomen **nach** dem Verb.
Sie werden mit Bindestrich angeschlossen und stehen immer in der vollen Form *la* / *le* / *les*.

Beim **verneinten** Imperativ stehen die Objektpronomen **vor** dem Verb (wie im Aussagesatz).

Ne ... pas umschließt die Gruppe Pronomen + Verb.

Beachte:

1. Vor *y* und *en* wird an den Imperativ Singular der Verben auf *-er* ein *-s* angehängt, damit man in der Aussprache binden kann:
   Achète des croissants. Achète**s-en** trois [aʃɛtzɑ̃].

   Merke:
   Va à la cave. Va**s-y** tout de suite [vazi].

2. Statt *me* steht beim bejahten Imperativ die betonte Form *moi*:
   Ecoutez-**moi**.
   Ne me regardez **pas** comme ça.

Il faut

Il faut ist ein unpersönlicher Ausdruck mit der Grundbedeutung 'es ist nötig, es ist erforderlich'.
Im Deutschen wird *il faut* durch 'man braucht, benötigt, muß ...' oder durch eine persönliche Wendung wiedergegeben.

1 'Il faut' mit Objekten

1. Pour faire une vinaigrette,		**il**		**faut**	de la moutarde;	... braucht man,
		il		**faut**	de l'huile et du vinaigre;	benötigt man ...
		il		**faut**	du sel et du poivre.	
		il		**faut**	+ **O** dir	
2.		**– Il**	**te**	**faut**	un plateau?	Brauchst du ...
– Non.		**– Il**	**me**	**faut**	une assiette.	Ich brauche ...
– Qu'est-ce qu'il faut	**à Luc?**	**– Il**	**lui**	**faut**	un ouvre-bouteille.	Er braucht ...
– Qu'est-ce qu'il faut	**aux autres?**	**– Il**	**leur**	**faut**	des verres.	Sie brauchen ...
		– Il	**vous**	**faut**	des fourchettes?	Braucht ihr ...?
– Non,		**il**	**nous**	**faut**	des couteaux.	Wir brauchen ...
		il	PO ind	**faut**	+ **O** dir	

1. Nach *il faut* kann ein **direktes Objekt** stehen. *Il faut* bedeutet dann 'man braucht ..., man benötigt ..., man muß haben'.

2. Die Person, die etwas benötigt, wird als **indirektes Objekt** angeschlossen. *Il faut* wird dann im Deutschen persönlich wiedergegeben: 'ich brauche, du brauchst, er braucht', etc.

Beachte die Verneinung: Il faut **des** couteaux, / Il **ne** faut **pas de** fourchettes.
Il me faut **un** verre, / Il **ne** me faut **pas d'** assiette.

2. 'Il faut' mit dem Infinitiv

Laurent, arrête la télé.	Il faut	**travailler.**		Du mußt ...
	Il faut	**aider**	maman.	Wir müssen ...
Qu'est-ce que tu attends?	Il faut	**commencer.**		Du mußt ...
	Il faut	**faire**	les courses.	Wir müssen ...
Au marché,	il faut	**attendre.**		... muß man ...
Et puis,	il faut	**aller**	chez le boulanger.	... müssen wir ...
	il faut	**Infinitiv**	**Satzergänzungen**	

Nach *il faut* kann ein Infinitiv mit oder ohne **Satzergänzungen** stehen.

Il faut bedeutet dann 'müssen'.
Die gemeinte Person ergibt sich aus dem Zusammenhang.

Beachte die Verneinung:

1. – Est-ce qu'il faut rentrer maintenant?
   – Non, il ne faut pas encore rentrer. — Nein, wir müssen/brauchen noch nicht ...
   Il ne faut pas + Infinitiv bedeutet 'nicht müssen, nicht brauchen'.
2. Dans ce compartiment, il ne faut pas fumer. — In diesem Abteil darf man nicht ...
   Il ne faut pas + Infinitiv kann auch ein Verbot ausdrücken. Es bedeutet dann 'nicht dürfen'.

A Die Wochentage und die Tageszeiten – Les jours de la semaine et les parties de la journée. § 66

1. Die Verwendung des Artikels bei Wochentagen

Aujourd'hui, c'est	**mercredi.**	Heute ist Mittwoch.
Nous voulons aller au théâtre	**samedi** prochain.	… am nächsten Samstag.
Nous n'avons pas pu y aller	**dimanche** dernier.	… am letzten Sonntag.
Le mercredi,	je vais toujours à la piscine.	Mittwochs …
Le samedi,	je sors avec mes copains.	Samstags …
Le dimanche,	je reste chez moi.	Sonntags …

Die Namen der Wochentage stehen **ohne** Artikel, wenn ein einziger **bestimmter** Tag gemeint ist. Sie sind dann Eigennamen.

Sie stehen **mit** Artikel, wenn ein Tag gemeint ist, an dem **regelmäßig** etwas geschieht. Sie haben dann die Funktion von Adverbien.

2. Die Tageszeiten

– Tu es chez toi	**cette semaine?**	**Chaque jour,**	c'est la même chose.	**Aujourd'hui,**	rien ne marche.
– Oui. Je suis là	**lundi matin,**	**Le matin,**	j'ai cours.	**Ce matin,**	j'ai oublié ma clé.
	lundi à midi,	**A midi,**	je mange à la cantine.	**A midi,**	j'ai cassé un verre.
	mardi après-midi	**L' après-midi,**	j'ai d'autres cours.	**Cet après-midi,**	j'ai perdu 20 F.
et	**mardi soir.**	**Le soir,**	je fais mes devoirs.	**Ce soir,**	il n'y a rien à la télé.

Merke:

lundi matin	**(am)** Montag morgen	**le** matin	morgens	**ce** matin	**heute** morgen
lundi après-midi	**(am)** Montag nachmittag	**l'** après-midi	nachmittags	**cet** après-midi	**heute** nachmittag
lundi soir	**(am)** Montag abend	**le** soir	abends	**ce** soir	**heute** abend

Aber:

lundi **à** midi	**(am)** Montag mittag	**à** midi	mittags	**à** midi	**heute** mittag.

B préférer § 67

Präsens			
Stammbetont		**Endungsbetont**	**Ebenso:**
je préf**è**re	[prefɛr]		exagérer
tu préf**è**res			répéter
il préf**è**re			compléter
		nous préférons [preferɔ̃]	u. a.
		vous préférez [prefere]	
ils préf**è**rent	[prefɛr]		
Passé composé:		j'ai préféré	

Préférer kann – wie *aimer* – ein direktes Objekt bei sich haben:
Luc aime beaucoup le latin.
Jean **préfère l'allemand.**

Es kann auch einen Infinitiv bei sich haben:
Pierre n'aime pas travailler.
Il **préfère sortir** avec ses copains.

Vgl. die Verben *acheter* und *appeler*, § 26.

B Die Verben auf '-ir' – Les verbes en *ir* § 68

1 Die Gruppe 'choisir'

Präsens		Ebenso:
je **choisis**		finir
tu choisis		réfléchir
il choisit		u. a.
	nous **choisiss**ons	
	vous choisissez	
	ils choisissent	
Passé composé:	j'ai **choisi**	

Beachte die Stämme:
Singular: choisi [ʃwazi]
Plural: choisi**ss** [ʃwazis-]
(Stamm**erweiterung im Plural**!)

2. Die Gruppe 'partir'

Präsens		Ebenso:
je **pars**		sortir: je sors
tu pars		je suis sorti
il part		servir: je sers
	nous **part**ons	j'ai servi
	vous partez	dormir: je dors
	ils partent	j'ai dormi
		(schlafen)
Passé composé:	je suis **parti**	

Plural: **part** [part-]
Singular: **par** [par]
(Stamm**verkürzung im Singular**!)

Die indirekte Frage nach dem Subjekt und dem direkten Objekt § 69

	Direkte Frage nach dem Subjekt				Direkte Frage nach dem direkten Objekt			
	Qu'est-ce **qui**	se passe	ici?		Qu'est-ce **que**	**vous**	apprenez	en atelier?
	Qu'est-ce **qui**	ne plaît pas	à tes copains?		Qu'est-ce **que**	**tu**	fais	en ce moment?
Indirekte Frage				**Indirekte Frage**				
Tu sais	**ce qui**	se passe	ici?	Dites-moi	**ce que**	**vous**	apprenez	en atelier.
Dis-moi	**ce qui**	ne plaît pas	à tes copains.	Dis-moi	**ce que**	**tu**	fais	en ce moment.
	S	V			O dir	S	V	

Bei der Frage nach dem **Subjekt** steht
in der direkten Frage: Qu'est-ce **qui** … ? 'Was',
in der indirekten Frage: … **ce qui** … '(das,) was'.

Bei der Frage nach dem **direkten Objekt** steht
in der direkten Frage: Qu'est-ce **que** … ? 'Was',
in der indirekten Frage: … **ce que** … '(das,) was'.

Unterscheide:

Dis-moi	**qui**	est ton ami.	… wer …	Dis-moi	**qui**	tu attends.	… wen …	**Person**
Dis-moi	**ce qui**	t'intéresse.	… was …	Dis-moi	**ce que**	vous voulez faire.	… was …	**Sache**
	S				O dir			

Im indirekten Fragesatz steht als **Subjekt**
qui für eine **Person** (wer),
ce qui für eine **Sache** (was).

Im indirekten Fragesatz steht als **direktes Objekt**
qui für eine **Person** (wen),
ce que für eine **Sache** (was).

C Die Angleichung des ‘participe passé’ beim ‘passé composé’ mit ‘avoir’ § 70

L’accord du participe passé

1. Laurent	a acheté	**des boissons**	pour la surprise-partie.
Il	a porté	**les bouteilles**	à la cave.
Mireille	a acheté	**du pain.**	
	V	**O dir**	

1. Wenn das direkte Objekt eine Nominalgruppe ist, steht es in der Regel **nach** dem Verb. (Vgl. §§ 4 und 13.)

2.			
– Où est **le vin**	**que**	j’	ai acheté?
Qui est-ce qui	**l’**		a pris?
	– Quelle bouteille	est-ce que tu	cherches?
	Combien de bouteilles	est-ce qu’ il	y a?
	O dir		**V**

2. Das direkte Objekt kann dem Verb **vorangehen,** und zwar
   - als Relativpronomen *que*,
   - als Objektpronomen *la/le/les*,
   - als *quel* + Substantiv
   - als *combien de* + Substantiv.

3. – Où est **la lettre**	**qu’**	Eric	**a** écrite?
Où est-ce que tu	**l’**		**as** mise?
– Sous **la cassette**	**que**	Luc	**a** apportée.
– Voilà **les boissons**	**que**	j’	ai achetées.
Tu	**les**		**as** vues?
– Non.	**Combien de bouteilles**	est-ce que tu	**as** prises?
	– Quels disques	est-ce que tu	**as** choisis?
Où est-ce que tu	**les**		**as** mis?

3. Steht das direkte Objekt **vor** einem Verb im *passé composé*, so richtet sich das *participe passé* in Genus und Numerus nach dem **vorangehenden direkten Objekt.**

Beachte die Aussprache und Schreibweise des *participe passé:*

la salade	que j’ai faite	[fɛt]	la lettre	que j’ai écrite	[ekrit]	les chaussures	que j’ai prises	[priz]
les sandwichs	que j’ai faits	[fɛ]	l’ article	que j’ai écrit	[ekri]	les pulls	que j’ai pris	[pri].

Partizipien auf *-s (mis, pris)* haben im Plural Maskulinum keine Pluralmarkierung. (Vgl. §§ 41 und 42.)

Unterscheide:

– Tu as fait **les sandwichs?**		– Tu as appelé **tes copains?**
– Oui, je **les** ai faits.		– Oui, je **les** ai appelés.
– Tu as fait **des sandwichs?**		– Tu as téléphoné **à tes copains?**
– Oui, j’ **en** ai fait.		– Oui, je **leur** ai téléphoné.

Bei vorangehendem *en* und bei vorangehendem indirektem Objekt wird das *participe passé* **nicht** verändert.

1. Des élèves de 3e veulent faire un montage.							1. Das *futur composé* setzt sich zusammen aus einer Präsensform von *aller* und dem Infinitiv.
– Moi, **je**		**vais**			**lire**	les textes,	
et toi, Alain, **tu**		**vas**			**diriger**	l'enregistrement.	
– Et Jean-Pierre? – **Il**		**va**			**être**	l'ingénieur du son.	
– Bon. Au travail.							
D'abord, **nous**		**allons**			**choisir**	les textes,	
et vous, **vous**		**allez**			**chercher**	des images, d'accord?	Die Verneinungsformel
– Et les autres? – **Ils**		**vont**			**installer**	les appareils.	*ne ... pas* umschließt
– Bien. Mais **on**	**ne**	**va**	**pas**		**faire**	tout ça aujourd'hui!	die Personalform von *aller*.
2. – Quand est-ce que **tu**		**vas**			**aller**	**à la bibliothèque?**	2. Die Objektvertreter stehen **vor dem Infinitiv.**
– **Je**		**vais**		y	**aller**	mardi.	
– **Vous**		**allez**			**prendre**	**des photos en couleur?**	
– Bien sûr, **on**		**va**		en	**prendre.**		**Beachte** die Reihenfolge:
– **Vous**		**allez**			**enregistrer**	**les textes** cet après-midi?	– verneintes *aller*,
– Non, **on**	**ne**	**va**	**pas**	les	**enregistrer**	aujourd'hui.	– Objektpronomen + Infinitiv.

Für Vorgänge, die vom Standpunkt des Sprechers aus gesehen in der Zukunft liegen, verwendet das Französische in der Regel das Futur.
Im Deutschen steht in diesen Fällen meist das Präsens.

Vergleiche:

– Annie est là?						
– Non. Pas encore.	**Elle**	**va**		**rentrer**	**dans 10 minutes.**	Sie **kommt** in 10 Minuten.
Mais	**elle**	**va**		**repartir**	**après le dîner.**	Aber sie **geht** ... noch einmal weg.
Attends,	**je**	**vais**	te	**montrer**	mes timbres.	..., ich **zeige** dir ...
Demain,	**j'**	**achète**			deux timbres anglais.	Morgen **kaufe** ich ...

Abweichend davon wird nach *demain* in der gesprochenen Sprache neben dem *futur composé* auch das Präsens benutzt.

12

A Die Monatsnamen und das Datum – Les noms des mois et la date

§ 72

1. **Mai** est le mois que je préfère.	
Au mois d'août, nous partons en vacances.	Im (Monat) August …
En août, nous allons au bord de la mer.	Im August …
2. On est le combien, aujourd'hui, **le 20** ou **le 21?**	Der wievielte ist heute? Der 20. oder der 21.?
Nous partons en vacances **le 1er juillet.**	… am 1. Juli
Nous rentrons **le 2 août.**	… am 2. August
Nous sommes au bord de la mer **du** 15 juillet **au** 1er août.	… vom 15. Juli bis 1. August

1. Monatsnamen stehen **ohne** Artikel. Sie werden oft in Verbindung mit *le/au mois de* gebraucht.

2. Bei Datumsangaben stehen Artikel + **Grundzahlen.** (Vgl. § 12 und § 20.)
Ausnahme: le 1er.
Beachte die Aussprache:
le 1er juillet [prəmjeʒɥijɛ]
le 1er août [prəmjɛrut].

Mengenvergleiche

§ 73

1.	Mireille a 25 disques. Elle a	**beaucoup de**	disques.			… **viele** Schallplatten.
	Laurent aussi a 25 disques. Il a	**autant de**	disques	**que**	sa sœur.	… **genauso viele** Platten **wie** …
	Marc a 40 disques. Il a	**plus de**	disques	**que**	Mireille.	… **mehr** Platten **als** …
	Nicolas en a 12. Il a	**moins de**	disques	**que**	ses amis.	… **weniger** Platten **als** …
	Mais il a	**autant d'**	argent	**que**	ses amis.	… **genauso viel** Geld **wie** …
2.	Voilà un disque qui coûte	**plus**		**de**	**50 F.**	… mehr **als 50 F.**
	Nicolas l'a acheté pour	**moins**		**de**	**35 F.**	… weniger **als 35 F.**
3.	Marc a	**le plus de**	disques		**des** quatre amis.	… **die meisten** Schallplatten.
	Nicolas a	**le moins de**	disques		**des** quatre amis.	… **die wenigsten** Schallplatten.

1. Nach den Vergleichsadverbien steht *de* + Substantiv ohne Artikel.
Zählbare Dinge stehen im Plural, Stoffnamen stehen im Singular. (Vgl. § 23 und § 59.)
Das Bezugswort des Vergleichs wird mit *que* angeschlossen:
J'ai **autant de** disques **que** toi … genauso viele Schallplatten **wie** du
J'ai **plus de** livres **que** toi … mehr Bücher **als** du

2. Zahlen werden nach *plus* und *moins* mit *de* angeschlossen:
J'ai moins **de 20 F** sur moi.

3. Der Superlativ wird gekennzeichnet, indem man *le* vor die Mengen *plus de* und *moins de* setzt:
Il a **le plus d'**argent … das meiste Geld.
Il a **le moins d'**argent … das wenigste Geld.

Die Steigerung des Adjektivs und der Vergleichssatz – La comparaison

1 Der Komparativ – Le comparatif

Au Grand Hôtel, les chambres		sont		**très**	chères.			teuer
A l'Hôtel de la Poste, les chambres	**ne**	sont	**pas**	**aussi**	chères	**qu'**	au Grand Hôtel,	nicht so teuer wie …
mais elles		sont		**moins**	grandes	**que**	dans cet hôtel.	kleiner (weniger groß) als …
A l'Hôtel Moderne, les chambres		sont		**aussi**	chères	**qu'**	à l'Hôtel de la Poste,	genauso teuer wie …
mais elles		sont		**plus**	belles.			schöner (als)

Der Komparativ wird gebildet, indem man die Adverbien *plus*, *moins* vor das Adjektiv stellt.
Der Vergleichssatz wird gebildet, indem man *aussi* vor das Adjektiv stellt.
Das Bezugswort wird mit *que* angeschlossen. (Vgl. §§ 41 und 42.)

Vergleiche:

Französisch:	Deutsch:	Englisch:	
Marc est **grand.**	Marc ist **groß.**	Marc is **tall.**	He is **powerful.**
Il est **plus grand** que Luc.	Er ist **größer** als …	He is **taller** than …	He is **more powerful …**
Il est **moins grand** que Jean.	Er ist **kleiner** als …	He is **smaller** than …	He is **less powerful …**

Im Französischen wird mit dem **gleichen** Adjektiv **aufwärts** *(plus)* und **abwärts** *(moins)* gesteigert.
Das Deutsche und Englische hingegen verwenden beim Abwärtssteigern meist den Komparativ des Adjektivs mit entgegengesetzter Bedeutung.

2. Der Superlativ – Le superlatif

La Tour Montparnasse est	**la**	tour	**la plus**	moderne	de Paris.
«L'Escapade» est	**le**	restaurant	**le plus**	sympathique	de Lille.
Les vieux quartiers sont	**les**	quartiers	**les plus**	intéressants.	
Dans ces quartiers, il y a	**les**	hôtels	**les moins**	chers.	

Der Superlativ wird gebildet, indem man den bestimmten Artikel vor der Form des Komparativs wiederholt.

Beachte:
Bei den Adjektiven, die normalerweise **vor** dem Substantiv stehen, steht der Superlativ meist ebenfalls davor.

La Tour Eiffel est	**la**	tour	**la plus haute**	de Paris.
La Tour Eiffel est	**la plus haute**	tour		de Paris.

B Die reflexiven Verben – Les verbes pronominaux

1. Präsens und Imperativ – Le présent et l'impératif

§ 75

1. Stammbetont	Endungsbetont	2. Stammbetont	Endungsbetont	3. Verneint			
je **me** promène		je **m'** ennuie		je	**ne**	**me** baigne	**pas**
tu **te** promènes		tu **t'** ennuies		tu	**ne**	**te** baignes	**pas**
il **se** promène		elle **s'** ennuie		il	**ne**	**se** baigne	**pas**
on **se** promène		on **s'** ennuie		on	**ne**	**se** baigne	**pas**
	nous **nous** promenons		nous **nous** ennuyons	nous	**ne**	**nous** baignons	**pas**
	vous **vous** promenez		vous **vous** ennuyez	vous	**ne**	**vous** baignez	**pas**
ils **se** promènent		ils **s'** ennuient		ils	**ne**	**se** baignent	**pas**
	se promener		**s'** ennuyer		**ne pas**	**se** baigner	

1. Das Reflexivpronomen *(le pronom réfléchi)* steht **vor** dem Verb.
2. Vor vokalisch anlautendem Verb werden *me, te, se* zu *m', t', s'; nous* und *vous* werden in der Aussprache gebunden.
3. Die Verneinungsformel *ne ... pas* umschließt die Gruppe Reflexivpronomen + Verb.
   Beim Infinitiv jedoch stehen *ne* und *pas* zusammen: **ne pas** se baigner, **ne pas** s'ennuyer, **ne pas** se promener.

Zur Aussprache und Schreibweise der Verben *se promener* und *s'ennuyer* in den stamm- und endungsbetonten Formen vgl. auch § 26.

Beachte die Stellung der Reflexivpronomen beim Imperativ:

1. Bejaht	
promène-	**toi**
promenons-	**nous**
promenez-	**vous**
Imperativ-	**PO**

2. Verneint			
ne	**te**	promène	**pas**
ne	**nous**	promenons	**pas**
ne	**vous**	promenez	**pas**
ne	**PO**	**Imperativ**	**pas**

1. Beim **bejahten** Imperativ stehen die Reflexivpronomen **nach** dem Verb. (Bindestrich! Vgl. § 64.)
   Nach dem Verb steht das betonte *toi* (statt *te*).
2. Beim **verneinten** Imperativ stehen die Reflexivpronomen **vor** dem Verb (wie in der Aussageform. Vgl. § 43.).
   Vor dem Verb steht die unbetonte Form *te*.

2. Das 'futur composé'

§ 76

– On		**va**		**se**	promener	un peu?
– Non. Je	**ne**	**vais**	**pas**	**me**	promener.	
Je		**vais**		**me**	baigner	avec Pierre.
On		**va**		**s'**	acheter	des journaux
et				**s'**	installer	au bord du lac.

Beim *futur composé* stehen die Reflexivpronomen vor dem Infinitiv (wie alle Objektpronomen).
Die Verneinung *ne ... pas* umschließt die Personalform von *aller*. (Vgl. § 71.)

Ce matin, Jean		s'	**est**		levé	à 7 heures.
Il		s'	**est**		baigné	dans le lac.
– Comment, Jean? Tu		t'	**es**	déjà	baigné?	
– Oui. Pourquoi? Je		**me**	**suis**		baigné	dans le lac
et ensuite je		**me**	**suis**		promené.	
– Tu	**ne**	t'	**es**	**pas**	ennuyé	tout seul?
– Ah non. Je		**me**	**suis**	bien	amusé.	

Die reflexiven Verben bilden das *passé composé* mit *être*. Das Reflexivpronomen steht **vor** der Personalform von *être*:

Jean **s'est** bien amusé.
Jean **hat sich** gut amüsiert.

Die Verneinung *ne ... pas* umschließt die Gruppe Reflexivpronomen + *être*.

Unterscheide:

Das Reflexivpronomen kann direktes oder indirektes Objekt sein:

Jean **s'est** lavé.		Jean hat **sich** (selbst) gewaschen.	**Wen?**
Jean **s'est** lavé	**les mains.**	Jean hat **sich** die Hände gewaschen.	**Wem?**
Il **s'est** fait	**un peu d'argent.**	Er hat **sich** etwas Geld verdient.	
Il **s'est** acheté	**une tente.**	Er hat **sich** ein Zelt gekauft.	

Beachte die Angleichung des *participé passé*:

Singular				
Hier, **Sylvie**	**s'**	**est**	ennuyée	à Mandelieu.
Elle	**s'**	**est**	couchée	après le dîner.
– Sylvie, **tu**	**t'**	**es**	levée	à quelle heure?
Vous	**vous**	**êtes**	levée	à quelle heure?
– **Je**	**me**	**suis**	levée	à 7 heures.
Hier, **Jean**	**s'**	**est**	bien amusé	à Annecy.
Il	**s'**	**est**	couché	à minuit.
– Jean, **tu**	**t'**	**es**	levé	à quelle heure?
Vous	**vous**	**êtes**	levé	à quelle heure?
– **Je**	**me**	**suis**	levé	très tard.

Plural					
Ses amies		**se**	**sont**		bien amusé**es**:
elles		**se**	**sont**		baigné**es.**
– Mesdemoiselles,					
vous		**vous**	**êtes**		bien entendu**es**?
– Ah oui. **Nous**		**nous**	**sommes**		bien entendu**es.**
Ses copains		**se**	**sont**		ennuyés,
mais **ils**		**se**	**sont**		bien entendus.
– Messieurs,		**vous**			
	ne	**vous**	**êtes**	**pas**	baignés?
– Non. **Nous**		**nous**	**sommes**		promenés.

Die reflexiven Verben bilden zwar das *passé composé* mit *être*; das *participe passé* gleichen sie jedoch an wie die Verben, die das *passé composé* mit *avoir* bilden (vgl. § 70).

1. Ist das Reflexivpronomen **direktes** Objekt, so richtet sich das *participe passé* in Genus und Numerus nach diesem. Das Reflexivpronomen bezieht sich seinerseits auf das Subjekt:
   Sylvie s'est lav**ée.** (Wen?)
2. Ist das Reflexivpronomen **indirektes** Objekt, wird das *participe passé* in der Regel nicht angeglichen:
   Sylvie **s'**est lavé **la tête.** (Wem?)
3. Geht ihm jedoch ein **direktes Objekt voraus,** richtet sich das *participe passé* in Genus und Numerus nach diesem:
   Sylvie s'est acheté **deux jupes.**
   Les **deux jupes que** Sylvie s'est achet**ées** sont très jolies.

C 4. Zum Gebrauch der reflexiven Verben

§ 78

1. **Je m'appelle** Serge. Et toi? **Tu te lèves** à quelle heure? **Vous vous couchez** tard? – Qu'est-ce qu'on fait maintenant? **On se baigne?** – Non, **on se promène** un peu. D'accord? Qu'est-ce qui **se passe?** Vous venez ou vous ne venez pas?	
2. Le pain **s'achète** chez le boulanger. Le mot *terrasse* **s'écrit** avec deux *r*. En France, le café **se boit** sans lait. Ça ne **se dit** pas.	... kauft man ... schreibt man ... trinkt man ... sagt man

1. Einige Verben sind im Französischen reflexiv, im Deutschen nicht, z. B.

s' appeler	heißen (sich nennen)
se lever	aufstehen (sich erheben)
se coucher	zu Bett gehen (sich hinlegen)
se baigner	baden
se promener	spazieren gehen
se passer	passieren, los sein, sich ereignen.

2. In der 3. Person wird das französische reflexive Verb im Deutschen oft mit der unpersönlichen Wendung 'man' wiedergegeben.

'ne ... rien' und 'ne ... personne'

§ 79

– **Qu'est-ce qui**		s'est passé?	**Frage**	–	Tu		veux	**quelque chose** à boire?
– **Rien.**			**Kurzantwort**	– Non.				**Rien.**
Rien	**ne**	s'est passé.	**Satzantwort**		Je	**ne**	veux	**rien.**
– **Qui est-ce qui**		a téléphoné?	**Frage**	–	Tu		attends	**quelqu'un?**
– **Personne.**			**Kurzantwort**	– Non.				**Personne.**
Personne	**n'**	a téléphoné.	**Satzantwort**		Je	**n'**	attends	**personne.**
Rien/Personne	**ne**	**V**			**S**	**ne**	**V**	**rien/personne**

Als **Subjekt** steht *rien ne/personne ne* geschlossen **vor** dem Verb.
In der Kurzantwort entfällt *ne*.

Als **direktes Objekt** umschließt *ne ... rien/personne* das Verb.
In der Kurzantwort entfällt *ne*.

Beachte die Stellung der Verneinungsadverbien:

Präsens	**Passé composé**	**Mit Hilfsverb**
Je **ne** sors **pas.**	Je **ne** suis **pas** sorti(e).	Je **ne** vais **pas** sortir.
Je **ne** fais **rien.**	Je **n'** ai **rien** fait.	Je **ne** peux **rien** faire.
Je **n'** attends **personne.**	Je **n'** ai vu **personne.**	Je **ne** veux voir **personne.**

Die Inversionsfrage, die Umschreibungsfrage und die Intonationsfrage

Im Französischen gibt es drei Arten der Fragebildung:
1. die Intonationsfrage, hörbar an der Satzmelodie, sichtbar am Fragezeichen (vgl. § 2);
2. die Umschreibungsfrage mit *est-ce que* (vgl. § 5);
3. die Inversionsfrage, bei der das Subjekt (wie im Deutschen) hinter dem Verb steht.

1. Intonationsfrage			**2. Umschreibungsfrage**					**3. Inversionsfrage**			
Vous	**partez**	en vacances?		**Est-ce que**	vous	partez	en vacances?		**Partez-**	**vous**	en vacances?
Vous	**avez**	une tente?		**Est-ce que**	vous	avez	une tente?		**Avez-**	**vous**	une tente?
Vous	**allez**	camper?		**Est-ce que**	vous	allez	camper?		**Allez-**	**vous**	camper?
Tu	**as**	un bateau?		**Est-ce que**	tu	as	un bateau?		**As-**	**tu**	un bateau?
Tu	**sais**	faire de la voile?		**Est-ce que**	tu	sais	faire de la voile?		**Sais-**	**tu**	faire de la voile?
Vous	**allez**	**où**?	**Où**	**est-ce que**	vous	allez?		**Où**	**allez-**	**vous?**	
Vous	**partez**	**quand**?	**Quand**	**est-ce que**	vous	partez?		**Quand**	**partez-**	**vous?**	
Ton père	**aime**	le camping?		**Est-ce que**	ton père	aime	le camping?				
Ta mère	**fait**	du tennis?		**Est-ce que**	ta mère	fait	du tennis?				
S	**V**	**Fragewort**	**Frage W**	**est-ce que**	**S**	**V**	**S Ergänzung**	**Frage W**	**V-**	**S**	**S Ergänzung**

1. Die **Intonationsfrage** kommt in der gesprochenen Sprache am häufigsten vor.
Sie wird besonders in der Gesamtfrage verwendet.
Als Teilfrage (mit dem Fragewort am Satzende) wirkt sie familiär.

2. Die **Umschreibungsfrage** mit *est-ce que* kann Gesamtfrage oder Teilfrage sein.
Sie gehört der gesprochenen und der geschriebenen Sprache an.

3. Die **Inversionsfrage** gehört der gehobenen Sprache an.
In der gesprochenen Sprache wird sie fast nur in der 2. Person (Singular und Plural) verwendet.
Man hört die Inversionsfrage besonders bei *avoir*, *être* und den Hilfsverben.
In gehobener Sprache wird sie auch bei anderen Verben verwendet:
Sortez-vous ce soir? Avec qui **allez-vous** au théâtre?
Beachte den Bindestrich zwischen Verb und Subjekt!

Révisions de structures

Révision 1 **Substantive mit männlichen und weiblichen Formen**

(nach § 41)

un élève une élève	un marchand [-ɑ̃] une marchande [-ɑ̃d]	un vend**eur** [-œr] une vend**euse** [-øz]	un voisin [-ɛ̃] une voisin**e** [-in]	**Merke:** l' homme – la femme le monsieur – la dame le mari – la femme le père – la mère le fils – la fille le frère – la sœur le jeune homme – la jeune fille
un touriste une touriste	un client [-ɑ̃] une client**e** [-ɑ̃t]	un coiff**eur** une coiff**euse**	un patron [-ɔ̃] une patro**nne** [-ɔn]	
un collègue une collègue	**Ebenso:**	**Aber:**	un technicien [-jɛ̃] une technicie**nne** [-jɛn]	
un secrétaire une secrétaire	un ami une ami**e** } [-i]	un direct**eur** une direct**rice**	un boulang**er** [-e] une boulang**ère** [-ɛr]	

Révision 2 **Der Plural der Substantive** – Le pluriel des substantifs

(nach § 42)

Außer durch den Artikel kann der Plural des Substantivs noch auf folgende Weise markiert sein:

1. **Hörbare** und **sichtbare** Pluralmarkierung

(un) **mon**sieur	(des) **messieurs**
madame	**mes**dames
mademoiselle	**mes**demoiselles
un jeune **homme**	des jeunes **gens**
un journ**al**	des journ**aux**
un trav**ail**	des trav**aux**

2. **Nur sichtbare** Pluralmarkierung

une rue	des rue**s**
un magasin	des magasin**s**
un manteau	des manteau**x**
un bureau	des bureau**x**
un chou	des chou**x**

3. Pluralmarkierung **nur** durch den **Artikel**

le fils	**les** fils
une fois	**deux** fois
un prix	**des** prix

4. **Komposita**

une salle de bains	**des salles** de bains
une salle de séjour	**des salles** de séjour
une pomme de terre	**des pommes** de terre
un hôtel de luxe	**des hôtels** de luxe
un magasin de meubles	**des magasins** de meubles
une machine à écrire	**des machines** à écrire
un thé au lait	**deux thés** au lait
une glace à la vanille	**deux glaces** à la vanille
un porte-clés	des porte-clés
un porte-monnaie	des porte-monnaie
un rendez-vous	des rendez-vous
un ouvre-bouteille(s)	des ouvre-bouteilles
un chou-fleur	des choux-fleurs
un café crème	deux cafés crème
un grand magasin	des grands magasins
un petit déjeuner	deux petits déjeuners
un pull-over	des pull-overs
un blue-jean	des blue-jeans

Merke: **les** mathématiques – **die** Mathematik; **les** étagères – **das** Regal; **les** fruits – **das** Obst; **les** Leroc – Lerocs

Révision 3 **Die Objektvertreter** – Les substituts des compléments

(nach § 61)

– Tu	**ne**		fais	**pas**	**la salade?**	– Tu			téléphones		**à Christian?**
– Si, je		**la**	fais	tout de suite.		– Oui, je		**lui**	téléphone.		
– Où			est		**le saladier?**	– Tu	**n'**		écris	**pas**	**à Arlette?**
– Tiens,		**le**	voilà.			– Non, je	**ne**	**lui**	écris	**pas.**	
– On			fait	d'abord	**les sandwichs?**	– On			demande		**à papa et maman?**
– Non, on	**ne**	**les**	fait	**pas** encore.		– Oui, on		**leur**	demande.		
– Vous			avez		**du jambon?**	– Tu	**ne**		vas	**pas**	**à la poste?**
– Oui, on		**en**	a.			– Si. J'		**y**	vais.		
– Tu			as		**du thon?**	– Vous			allez		**au cinéma?**
– Oui, j'		**en**	ai	une boîte.		– Non, on	**n'**	**y**	va	**pas.**	
– Tu			as		**des olives?**	– Marc			est allé		**à la piscine?**
– Non, je	**n'**	**en**	ai	**pas.**		– Oui, il		**y**	est allé.		

(Vgl. auch §§ 19, 43, 48–49, 55 und 64.)

Beachte die Stellung:

(nach § 71)

– Tu			**as**		acheté	**des boissons?**	– Eric		va			**apporter**	**des disques?**
– Oui, j'		**en**	**ai**		acheté.		– Oui, il		va		**en**	**apporter.**	
– Tu			**as**		mis	**les bouteilles** dans la cuisine?	– On		peut			**prendre**	**l'électrophone** de papa?
– Non, je		**les**	**ai**		portées	à la cave.	– Non, on	**ne**	peut	**pas**	**le**	**prendre.**	
– Tu			**as**		pris	**du champagne?**	– Il		faut			**téléphoner**	**à Eric?**
– Non, je	**n'**	**en**	**ai**	**pas**	pris.		– Non, il	**ne**	faut	**pas**	**lui**	**téléphoner.**	

(Vgl. auch §§ 48 und 70.)

Révision 4 **Die Angleichung des 'participe passé'** – L'accord du participe passé

(nach § 77)

1. **Sylvie** a passé ses vacances à Mandelieu.			**Elle**		**est**	rentrée	samedi.	**Bezugswort** 1. bei *être* das **Subjekt**
Ses amies ont été au bord de la mer.			**Elles**		**sont**	restées	trois semaines.	
Pierre et Jean ont fait du camping.			**Ils**		**sont**	allés	à Annecy.	
2. Voilà	**les cartes**	**qu'**	ils		**ont**	écrites.		2. bei *avoir* ein dem Verb **vorausgehendes direktes Objekt**
Sylvie		**les**			**a**	montrées	à ses parents.	
Son père lui demande	**combien**	**de photos**	ils		**ont**	faites		
et	**quelles**	**villes**	ils		**ont**	visitées.		
3. **Sylvie** n'est pas contente.			**Elle**	**s'**	**est**	ennuyée	avec ses parents.	3. bei reflexiven Verben ein dem Verb **vorausgehendes direktes Objekt**
Elle pense à **ses copains,**			**qui**	**se**	**sont**	bien amusés	à Annecy.	
Elle a vu	**la tente**	**qu'**	ils	se	**sont**	achetée		
et	**les bateaux**	**qu'**	ils	se	**sont**	construits.		

(Vgl. auch §§ 57, 70 und 77.)

Révision 5 Präpositionen – Prépositions

1. Örtliche Beziehungen

(nach § 58)

a) Grundbedeutungen

M. et Mme Milton sont **de** Londres.	**de** Londres	aus (einer Stadt)
Ils passent une semaine **à** Paris.	**à** Paris	in (einer Stadt)
Ils sont **en** France pour la première fois.	**en** France	in (einem Land)
Les Milton habitent **dans** un grand hôtel chic,	**dans**	in (einem Raum)
près de l'Arc de Triomphe.	**près de**	in der Nähe von
Devant l'hôtel, il y a une grande terrasse.	**devant**	vor
Derrière l'hôtel, il y a un joli jardin.	**derrière**	hinter
Au milieu du jardin, il y a une petite piscine.	**au milieu de**	in der Mitte von, mitten in
A côté de l'hôtel, il y a des magasins.	**à côté de**	neben
En face de l'hôtel, il y a deux banques.	**en face de**	gegenüber von
Entre ces deux banques, il y a un restaurant.	**entre** ... (et ...)	zwischen ... (und ...)
Hier soir, les Milton ont été **chez** des amis anglais.	**chez** qn	bei (einer Person)
Ce soir, ils vont **chez** des amis français.		zu (einer Person)
Ce matin, ils ont fait une promenade **sur** les quais.	**sur**	auf
Ils ont photographié les clochards **sous** les ponts.	**sous**	unter

b) à, de, sur, dans

Sabine **arrive à** Paris, **à** la gare de l'Est.	Elle **vient de** Nancy, mais elle habite (à) Cologne.
Pour **aller à** l'auberge de jeunesse, elle prend le métro. L'auberge **se trouve** **boulevard** Kellermann. Le métro **arrive** **place** d'Italie. Sabine **descend** **Porte** d'Italie.	Elle **monte dans** le métro. **A** la place d'Italie, elle change de métro. **A** la Porte d'Italie, tout le monde descend.
Sabine va d'abord **à** la réception. Puis, elle porte sa valise **au** dortoir.	**Dans** le dortoir, il y a six lits.
Sabine va **sur** les Champs-Elysées, **sur** les grands boulevards et **sur** les quais de la Seine.	**Dans la rue,** elle fait beaucoup de photos.
A midi, elle mange **au** restaurant. Ensuite, elle va **aux** Tuileries. Elle va **au** musée du Louvre.	Elle **entre dans** un petit restaurant. **Dans** ce grand jardin, **il y a** beaucoup de touristes. Elle **passe** deux heures **dans** le musée.

2. Modale Beziehungen

(nach § 60)

Martine fait des sandwichs **pour** ses invités.	**pour**	für
Ensuite, elle fait une salade **avec** des pommes de terre et d'autres légumes.	**avec**	mit (aus)
Elle coupe les pommes de terre **en** rondelles.	**en** rondelles	in (Scheiben)
Elle n'a pas d'olives. Alors, elle fait la salade **sans** olives.	**sans**	ohne

3. Zeitangaben

(nach § 72)

Pascal est entré en 6e **à l'âge de** onze ans et demi.	**à l'âge de** 11 ans	im Alter von (11 Jahren)
Il apprend l'anglais **depuis** cinq ans.	**depuis** 5 ans	seit (5 Jahren)
Les cours commencent **à** 8 **heures.**	**à … heures**	um … Uhr
Aujourd'hui, **en première heure,** il a mathématiques.	**en 1ère heure**	in der 1. Stunde
De 9 à 10, il a gymnastique.	**de** … **à** … (heures)	von … bis … Uhr
Entre deux cours, il a quelquefois une heure d'étude.	**entre** … (et)	zwischen … (und) …
Pendant cette heure-là, il apprend ses leçons.	**pendant**	während
Après les cours, il rentre chez lui.	**après**	nach
Maintenant, Pascal est en seconde. **Dans deux ans,** il va passer son bac.	**dans …** ans	in … (Jahren)
Son père a passé son bac **en** 1925.	**en** 1925	im Jahre (1925)
Les vacances commencent **au mois de** juillet.	**au mois de** juillet	im (Monat Juli)
En juillet, les Neveu partent en vacances.	**en** juillet	im (Juli)
Gisèle va à Londres **pour** trois semaines.	**pour** trois semaines	für (3 Wochen)
Elle part **le** 15 juillet.	**le** 15 juillet	am (15. Juli)

Révision 6 Satzgefüge – Propositions coordonnées et propositions subordonnées

(nach § 71)

1. Gleichwertige Satzteile oder Sätze:	**Konjunktionen**	
Le reporter arrive au collège **et** entre dans le hall.	**et**	und
«Qu'est-ce que je fais d'abord?		
Visiter l'exposition **ou** parler au directeur du collège?»	**ou**	oder
Il va voir le directeur, **mais** il veut aussi parler aux élèves.	**mais**	aber
2. Haupt- und Nebensätze:		
Au moment où il quitte le directeur, la récréation commence.	**au moment où**	in dem Augenblick, wo, als
Quand il descend l'escalier, trois élèves arrivent.	**quand**	als
Comme ils sont en récréation, il s'adresse à eux.	**comme**	da, weil
Il leur demande **si** le collège leur plaît.	**si**	ob
Ils lui répondent **qu'**ils sont très contents.	**que**	daß
Ils aiment surtout les ateliers **parce qu'**on y apprend un tas de choses.	**parce que**	weil
Ils trouvent qu'on apprend mieux **quand** on travaille en équipe.	**quand**	(immer) wenn
Mais il faut bien choisir son atelier, **sinon** on perd son temps.	**sinon**	sonst, andernfalls
C'est pour ça qu'il y a des élèves qui préfèrent les cours.	**c'est pour ça que**	deshalb
Le collège comprend 4 classes.		
Pour préparer le bac, il faut aller dans un lycée.	**pour**	um … zu
3. Relativsätze	**Relativpronomen**	
Les élèves **qui** lui donnent des informations sur le collège sont	**qui**	der, die, das (Subjekt)
très sympathiques. Les réponses **qu'**ils lui donnent sont intéressantes.	**que**	den, die, das (dir. Obj.)
L'exposition **où** on peut voir les travaux d'élèves est très bien faite.	**où**	wo, in der, in dem, in denen
Le reporter écrit un article sur **ce qui** lui a plu	**ce qui**	(das,) was (Subjekt)
et sur **ce qu'** il a trouvé moins bien.	**ce que**	(das,) was (dir. Objekt)

Révision 7 Wortbildung – Formation de mots

1. Endungen (Suffixe)

1. **Substantiv**	**Verb**	**Substantiv: Person**
la danse	dans**er**	le dans**eur**/ **-euse**
la visite	visit**er**	le visit**eur**/ **-euse**
le voyage	voyag**er**	le voyag**eur**/ **-euse**
le contrôle	contrôl**er**	le contrôl**eur**/ **-euse**
Beachte:		
le travail	travaill**er**	le travaill**eur**
le bain	se baign**er**	le baign**eur**/ **-euse**

3. **Verb**	**Substantiv**
invit**er**	une invit**ation**
décor**er**	la décor**ation**
prépar**er**	la prépar**ation**
enregistr**er**	un enregistre**ment**
commenc**er**	le commence**ment**
mont**er**	le mont**age**
bricol**er**	le bricol**age**

2. **Adjektiv**	**Substantiv**
haut	**la** haut**eur**
large	**la** larg**eur**
long	**la** longu**eur**
jeune	la jeun**esse**
vieux/vieille	la **vieillesse**

4. **Verb**	**Substantiv: Person**
vendre	le vend**eur**/ **-euse**
fumer	le fum**eur**
bricoler	le bricol**eur**/**-euse**
porter	le port**eur**
monter	le mont**eur**
se promener	le promen**eur**

2. Die Vorsilbe 're-' bei Verben

monter	**re**monter wieder …	venir	**re**venir zurück …	lire	**re**lire noch einmal …
descendre	**re**descendre	porter	**re**porter	faire	**re**faire
partir	**re**partir	mettre	**re**mettre	écrire	**r**écrire
voir	**re**voir	apporter	**r**apporter	commencer	**re**commencer
accrocher	**r**accrocher			téléphoner	**re**téléphoner

Révision 8 Adjektive – Adjectifs qualificatifs

une école internation**ale** un collège internation**al**	une idée **folle** un prix **fou**	l' année proch**aine** [-ɛn] le mois proch**ain** [-ɛ̃]	une fille gent**ille** un garçon gent**il**
des écoles internation**ales** des collèges internation**aux**	des idées folles des prix fous	une activité manu**elle** le travail manu**el**	une fille sport**ive** un garçon sport**if**
Vergleiche: un journ**al** des journ**aux**	**Aber:** un chou des choux	**Vergleiche:** **Quelle** histoire! **Quel** temps!	une chambre **chère** un hôtel **cher**

Vgl. auch §§ 41–42, 44 und 54.

Révision des verbes

avoir – être

Infinitiv	Imperativ	Präsens	
avoir haben	**aie** [ɛ] **ayez**	j' ai tu as il a	nous‿avons vous‿avez ils‿ont
	Passé composé: j'ai **eu** [y]		

Infinitiv	Imperativ	Präsens	
être sein	**sois** **soyez**	je suis tu es il est	nous sommes vous‿êtes ils sont
	Passé composé: j'ai **été**		

Verben auf -er

Infinitiv	Imperativ	Präsens		Passé composé	
regarder hersehen ansehen	regarde regard**ez**	je regarde tu regarde**s** il regarde ils regard**ent**	nous regard**ons** vous regard**ez**	j'ai regard**é**	**Beachte:** nous mang**e**ons nous chang**e**ons nous corrig**e**ons nous commen**ç**ons
essayer versuchen probieren	essaie essayez	j' essaie tu essaies il essaie ils essaient	nous essayons vous essayez	j'ai essayé	**Nebenformen** j'essaye, tu essayes il essaye, ils essayent **Ebenso:** payer bezahlen
acheter kaufen	achète achetez	j' achète tu achètes il achète ils achètent	nous achetons vous achetez	j'ai acheté	**Ebenso:** peser wiegen enlever wegnehmen relever aufschreiben u. a.
appeler rufen anrufen	appelle appelez	j' appelle tu appelles il appelle ils appellent	nous appelons vous appelez	j'ai appelé	**Ebenso:** épeler buchstabieren

Verben auf -re: Gruppe 'répondre'

Infinitiv	Imperativ	Präsens		Passé composé	Ebenso:	
répondre antworten	répond**s** répond**ez**	je répond**s** tu répond**s** il répond ils répond**ent**	 nous répond**ons** vous répond**ez**	j'ai répond**u**	rendre attendre perdre vendre descendre je **suis** descendu	zurückgeben warten verlieren verkaufen aussteigen u. a.

Verben auf -ir: Gruppe 'partir'

Infinitiv	Imperativ	Präsens		Passé composé	Aber:
dormir schlafen	dors dor**mez**	je **dors** tu dors il dort ils **dorm**ent	 nous **dorm**ons vous dor**mez**	j'ai dor**mi**	**offrir** anbieten j' offre — j'ai **offert** vous offrez ils offrent
partir weggehen abreisen	pars par**tez**	je **pars** tu pars il part ils **part**ent	 nous **part**ons vous partez	je suis par**ti**(e)	**ouvrir** öffnen j' ouvre — j'ai **ouvert** vous ouvrez ils ouvrent
servir bedienen auftragen	sers ser**vez**	je **sers** tu sers il sert ils **serv**ent	 nous **serv**ons vous servez	j'ai ser**vi**	
sortir hinaus- gehen ausgehen	sors sor**tez**	je **sors** tu sors il sort ils **sort**ent	 nous **sort**ons vous sortez	je suis sor**ti**(e)	sortir **qc** etwas herausholen j'**ai** sorti les sacs de la voiture

Verben auf -ir: 'Gruppe 'finir'

Infinitiv	Imperativ	Präsens		Passé composé	Ebenso:
finir beenden	finis **finissez**	je **finis** tu finis il finit ils **finissent**	nous **finiss**ons vous finissez	j'ai fini	choisir wählen, aussuchen réfléchir überlegen u. a.

Sonstige Verben

Infinitiv	Imperativ	Präsens		Passé composé	Ebenso:
aller gehen fahren	**va** **allez**	je **vais** tu **vas** il **va** ils **vont**	nous **all**ons vous allez	je suis **allé**(e)	
boire trinken	bois **buvez**	je **bois** tu bois il boit ils **boiv**ent	nous **buv**ons vous buvez	j'ai **bu**	
dire sagen	dis **dites**	je **dis** tu dis il dit vous **dites** ils **dis**ent	nous **dis**ons	j'ai **dit**	
écrire schreiben	écris écri**v**ez	j' **écris** tu écris il écrit ils‿**écriv**ent	nous‿**écriv**ons vous‿écrivez	j'ai **écrit**	décrire beschreiben

Infinitiv	Imperativ	Präsens		Passé composé	Ebenso:
faire machen tun	fais **faites**	je **fais** tu fais il fait vous **faites** ils **font**	nous **fais**ons	j'ai **fait**	
lire lesen	lis **lisez**	je **lis** tu lis il lit ils **lis**ent	nous **lis**ons vous lisez	j'ai **lu**	relire noch einmal lesen
mettre setzen stellen legen	mets me**tt**ez	je **mets** tu mets il met ils **mett**ent	nous **mett**ons vous mettez	j'ai **mis**	
plaire gefallen		je **plais** tu plais il **plaît** ils **plais**ent	nous **plais**ons vous plaisez	ça m'a **plu**	**Vergleiche:** pleuvoir: il pleut il a **plu**
pouvoir können		je **peux** tu peux il peut ils **peuv**ent	nous **pouv**ons vous pouvez	j'ai **pu**	
prendre nehmen	prends **prenez**	je **prends** tu prends il prend ils **prenn**ent	nous **pren**ons vous prenez	j'ai **pris**	apprendre lernen comprendre begreifen

Infinitiv	Imperativ	Präsens		Passé composé	Ebenso:
savoir wissen		je **sais** tu sais il sait ils **sav**ent	 nous **sav**ons vous savez	j'ai **su**	
venir kommen	**viens** **venez**	je **viens** tu viens il vient ils **vienn**ent	 nous **ven**ons vous venez	je suis **venu**(e)	revenir wiederkommen
voir sehen	vois voyez	je **vois** tu vois il voit ils voient	 nous voyons vous voyez	j'ai **vu**	revoir wiedersehen prévoir vorhersehen
vouloir wollen		je **veux** tu veux il veut ils **veul**ent	 nous **voul**ons vous voulez	j'ai **voulu**	

Lektüren

Dans le Métro

Von D. Lézy
Klettbuch **59111**

Jeden Morgen beobachtet der 15jährige Philippe in der Métro einen geheimnisvoll aussehenden Mann mit einem sorgsam gehüteten Koffer. Wer ist dieser Mann? Was ist in dem Koffer? Philippe verfolgt die Spur und hat dabei aufregende Erlebnisse.

Mission Spéciale

Von E.-P. Davoust
Herausgegeben von S. Stüting, Klettbuch **5955**

Sechs humorvolle, in leichter Sprache geschriebene Szenen aus dem französischen Alltag, die hervorragend dazu geeignet sind, die Lese- und Sprechfähigkeit des Lernenden anzuregen und zu steigern. Vokabular und Idomatik beschränken sich auf das im Umgangsgespräch notwendige Minimum.

Diese Lektüren bekommen Sie bei Ihrem Buchhändler.

Als zusätzlichen Lesestoff zu Cours Intensif 1 gibt es die MGP-Sprachzeitschrift:

Ça va

Ça va bringt in abwechslungsreicher Form und Aufmachung viele interessante Informationen über Frankreich.
Ça va erscheint 9mal im Schuljahr, damit Ihnen der Lesestoff nicht ausgeht.
Ça va (Klettnummer 97156) kann für ein Jahr abonniert werden und ist für jeden von Ihnen erschwinglich.
Wenn Sie sich zu fünft zusammentun, dann wird **Ça va** pro Abonnement noch günstiger.

Sie können **Ça va** beim

ERNST KLETT VERLAG, POSTFACH 809, 7 STUTTGART I

bestellen.

Wozu Schallplatten und Tonbänder?

Eine fremde Sprache verstehen wir erst, wenn sich unser Gehör an ihren Klang gewöhnt hat. Das erreichen wir durch wiederholtes aufmerksames Zuhören.

Der Ausländer versteht uns nur, wenn wir die Laute seiner Sprache richtig formen und vor allem die richtige Satzmelodie treffen. Das gelingt uns, wenn wir das Gehörte so oft nachahmen, bis fast kein Unterschied mehr zwischen seinem und unserem Sprechen zu hören ist.

Ein Gespräch mit Ausländern wird erst möglich, wenn wir – statt Wörter zu suchen und Sätze zu konstruieren – über einen Vorrat vorgeformter Wendungen verfügen. Diesen erwirbt man durch Hören und Nachsprechen von sorgfältig ausgewähltem Sprachmaterial.

Schallplatten und Tonbänder geben uns Gelegenheit, so oft und so lange zu üben, bis wir die Fremdsprache fließend (und richtig) sprechen.

Etudes Françaises - Cours Intensif 1

4 Schallplatten. Ausgesuchte Lektionstexte. 17 cm ∅, 33 U/min., Sprechzeit ca. 50 min., Klettnummer 52061

1 Compact-Cassette. Ausgewählte Lektionstexte. Beide Seiten besprochen, Sprechzeit ca. 62 min., Klettnummer 52067

1 Tonband. Ausgewählte Lektionstexte. Beide Halbspuren besprochen. Laufgeschwindigkeit 9,5 cm/sec, Sprechzeit ca. 74 min., Klettnummer 52068